钢管混凝土格构式桥墩抗震性能化设计

袁辉辉　吴庆雄　著

中国建筑工业出版社

图书在版编目（CIP）数据

钢管混凝土格构式桥墩抗震性能化设计/袁辉辉，吴庆雄著. —北京：中国建筑工业出版社，2022.12
ISBN 978-7-112-28043-8

Ⅰ.①钢… Ⅱ.①袁…②吴… Ⅲ.①钢管混凝土结构-桥墩-抗震性能-研究 Ⅳ.①U448.347

中国版本图书馆 CIP 数据核字（2022）第 181452 号

本书研究的钢管混凝土格构式桥墩是采用水平空腹管连接钢管混凝土柱肢，或在下部一定高度内采用钢筋混凝土腹板作为连接构造的一种新型钢-混凝土组合桥墩。

全书分为 8 章：第 1 章绪论，介绍了本书研究背景和国内外研究现状；第 2 章介绍了钢管混凝土格构式桥墩的水平低周反复荷载试验内容；第 3 章探讨了可用于实际工程抗震分析的钢管混凝土格构式桥墩的有限元建模方法；第 4 章进行了钢管混凝土格构式桥墩的荷载-位移能力曲线的参数敏感性分析；第 5 章介绍了钢管混凝土格构式桥墩的拟动力试验；第 6 章开展了采用钢管混凝土格构式桥墩的地震模拟振动台试验；第 7 章的内容为钢管混凝土格构式桥墩的非线性地震响应分析；第 8 章则是在上述章节的基础上建立了钢管混凝土格构式桥墩的抗震性能化设计方法。

本书可为此类新型组合桥墩的建设提供指导，同时可供从事本学科的科研人员、设计人员和有关工程技术人员参考。

责任编辑：武晓涛　李天虹
责任校对：李辰馨

钢管混凝土格构式桥墩抗震性能化设计
袁辉辉　吴庆雄　著

*

中国建筑工业出版社出版、发行（北京海淀三里河路 9 号）
各地新华书店、建筑书店经销
北京科地亚盟排版公司制版
北京建筑工业印刷厂印刷

*

开本：787 毫米×1092 毫米　1/16　印张：10¾　字数：265 千字
2022 年 11 月第一版　　2022 年 11 月第一次印刷
定价：48.00 元
ISBN 978-7-112-28043-8
（39935）

版权所有　翻印必究
如有印装质量问题，可寄本社图书出版中心退换
（邮政编码 100037）

序

本书研究的钢管混凝土格构式桥墩以钢管混凝土柱肢为主要受力构件，柱肢之间采用钢管缀件或钢筋混凝土缀板连接，具有自重轻、抗弯刚度大、抗震性能好等特点，已在我国西部高烈度地区的高桥墩中得到了较多的应用。

本书作者负责完成了四川干海子特大桥等多项钢管混凝土格构式桥墩的横向科研课题，并提出此类结构的共性问题，申请获批、完成了多项相关的国家自然科学基金项目等纵向科研课题。在此基础上，对钢管混凝土格构式桥墩的地震破坏机理、能力曲线计算方法、地震最大响应预估方法等研究成果进行系统整理与提升，建立了此类新型桥墩的抗震性能化设计体系，完成了本书的撰写，可喜可贺。

相信本书的出版对推动钢管混凝土格构式桥墩的深入研究、更多应用和相关设计标准的制定，对促进我国组合结构桥梁的技术进步，有着重要的理论与工程意义。特向大家推荐本书。

2022 年 6 月 5 日

前　言

本书研究的钢管混凝土格构式桥墩是采用水平空腹管连接钢管混凝土柱肢，或在下部一定高度内采用钢筋混凝土腹板作为连接构造的一种新型钢-混凝土组合桥墩。与具有相同轴向承载力的常规钢筋混凝土桥墩相比，钢管混凝土格构式桥墩施工方便、自重轻、抗弯刚度大，具有良好的受力性能。针对此类桥墩的静力性能和抗震性能，已取得了丰硕的研究成果，但相关研究还存在些许不足，也未形成系统的抗震设计方法指导工程设计。为此，作者在整理既往研究成果的基础上，开展了基于性能的钢管混凝土格构式桥墩抗震设计方法的研究，撰写了本书，以期推进钢-混凝土组合结构，尤其是钢-混凝土组合桥墩在我国高烈度地区的推广应用。本书可为此类新型组合桥墩的建设提供指导，同时可供从事本学科的科研人员、设计人员和有关工程技术人员参考。

全书分为8章：第1章绪论，介绍了本书研究背景和国内外研究现状；第2章介绍了钢管混凝土格构式桥墩的水平低周反复荷载试验内容；第3章探讨了可用于实际工程抗震分析的钢管混凝土格构式桥墩的有限元建模方法；第4章进行了钢管混凝土格构式桥墩的荷载-位移能力曲线的参数敏感性分析；第5章介绍了钢管混凝土格构式桥墩的拟动力试验；第6章开展了采用钢管混凝土格构式桥墩的地震模拟振动台试验；第7章的内容为钢管混凝土格构式桥墩的非线性地震响应分析；第8章则是在上述章节的基础上建立了钢管混凝土格构式桥墩的抗震性能化设计方法。

本书相关课题的研究得到了国家自然科学基金项目"钢管混凝土叠合空心高墩地震损伤机理及抗震性能化设计方法研究"（项目编号：51978169）、"箱形钢管混凝土劲性骨架柱抗震性能与抗震设计简化算法"（项目编号：51508104）、"变截面钢管混凝土混合柱受力性能与设计方法研究"（项目编号：51178118）等项目的资助。本书相关课题的研究还得到了课题组研究生吕银花、唐瑜、佘智敏、蔡慧雄、陈湘、唐艺航、杜雨鸿、郑一帆等人的大力协助，谨在此表示衷心的感谢！

由于作者水平有限，书中难免存在错误或不足，专家同行和读者若有意见、建议，可发送电子邮件至 yuanhh@fzu.edu.cn，以便修订时研用。

著者于福州大学土木工程学院
2022年4月

目　　录

第1章　绪论 ·· 1
　1.1　研究背景与意义 ·· 1
　1.2　本书的框架内容 ·· 5
第2章　钢管混凝土格构式桥墩的水平低周反复荷载试验 ··········· 7
　2.1　拟静力试验设计 ·· 7
　　2.1.1　试验模型设计 ·· 7
　　2.1.2　加载方案设计 ·· 9
　　2.1.3　测量方案设计 ·· 11
　2.2　钢管混凝土格构墩试验结果与分析 ························ 12
　　2.2.1　格构墩破坏模式分析 ····································· 12
　　2.2.2　滞回曲线与骨架曲线 ····································· 14
　　2.2.3　耗能能力与性能退化 ····································· 18
　2.3　钢管混凝土混合墩试验结果与分析 ························ 21
　　2.3.1　混合墩破坏模式分析 ····································· 21
　　2.3.2　滞回曲线与骨架曲线 ····································· 22
　　2.3.3　耗能能力与性能退化 ····································· 25
　2.4　拟静力试验结果小结 ··· 26
第3章　钢管混凝土格构式桥墩的有限元建模方法 ················· 28
　3.1　钢管混凝土格构式桥墩的精细化实体有限元建模方法 ··· 28
　　3.1.1　单元类型与网格划分 ····································· 28
　　3.1.2　部件接触与边界条件 ····································· 28
　　3.1.3　非线性材料本构关系 ····································· 29
　　3.1.4　有限元建模方法验证 ····································· 30
　3.2　钢管混凝土格构式桥墩的纤维单元杆系有限元建模方法 ·· 32
　　3.2.1　杆系单元网格 ·· 32
　　3.2.2　纤维截面划分 ·· 33
　　3.2.3　纤维材料本构 ·· 34
　　3.2.4　建模方法验证 ·· 36
　3.3　可用于钢管混凝土格构式桥墩抗震分析的有限元建模方法 ·· 37
　　3.3.1　有限元建模方法计算成本的比较 ····················· 37
　　3.3.2　用于抗震分析的有限元建模原则 ····················· 38

第4章 钢管混凝土格构式桥墩的荷载-位移能力曲线 ... 40
4.1 计算荷载-位移能力曲线的桥墩参数设置 ... 40
4.1.1 关键构造参数的选取 ... 40
4.1.2 桥墩荷载-位移能力曲线的计算方法 ... 41
4.2 桥墩荷载-位移能力曲线的拓展参数分析 ... 42
4.2.1 结构长细比 ... 43
4.2.2 构件截面尺寸 ... 56
4.2.3 轴压比 ... 68
4.2.4 加载方式 ... 73
4.3 桥墩荷载-位移能力曲线特征值的参数敏感性分析 ... 74

第5章 钢管混凝土格构式桥墩的拟动力试验 ... 78
5.1 拟动力试验设计 ... 78
5.1.1 试验模型设计 ... 78
5.1.2 加载装置与测点布置 ... 79
5.1.3 加载地震波和加载工况设计 ... 80
5.2 拟动力试验结果与分析 ... 81
5.2.1 不同强度地震作用下结构抗震性能分析 ... 81
5.2.2 主余震作用下结构抗震性能分析 ... 85
5.2.3 地震动特性对结构地震响应的影响 ... 88
5.3 钢管混凝土格构式桥墩强度与变形验算方法的初步讨论 ... 89

第6章 钢管混凝土格构式桥墩的地震模拟振动台试验 ... 92
6.1 地震模拟振动台试验设计 ... 92
6.1.1 依托背景工程 ... 92
6.1.2 缩尺模型设计 ... 93
6.1.3 试验加载工况 ... 96
6.1.4 试验测点布置 ... 97
6.2 基本动力特性分析 ... 101
6.2.1 缩尺模型的振动模态 ... 101
6.2.2 实桥原型的理论模态 ... 102
6.3 振动台抗震性能试验结果分析 ... 103
6.3.1 横桥向地震动作用工况 ... 103
6.3.2 纵桥向地震动作用工况 ... 105
6.3.3 双向地震动同时作用工况 ... 106
6.4 实桥非线性地震响应分析 ... 107
6.4.1 设计地震动作用下的地震响应特性 ... 107
6.4.2 非线性地震响应与抗震能力分析 ... 109
6.5 振动台试验结果小结 ... 113

第7章　钢管混凝土格构式桥墩的非线性地震响应分析 ············ 114
7.1　非线性时程分析参数设置 ············ 114
7.2　钢管混凝土格构式桥墩地震响应的拓展参数分析 ············ 117
7.2.1　结构长细比 ············ 117
7.2.2　构件截面尺寸 ············ 126
7.2.3　轴压比 ············ 132
7.3　桥墩最大地震响应的参数敏感性分析 ············ 135

第8章　钢管混凝土格构式桥墩的抗震性能化设计方法 ············ 138
8.1　钢管混凝土格构式桥墩荷载-位移能力曲线简化模型 ············ 138
8.1.1　弹性阶段刚度 ············ 139
8.1.2　峰值荷载与屈服荷载 ············ 141
8.1.3　墩顶水平位移特征值 ············ 145
8.1.4　桥墩的抗震性能设计指标 ············ 150
8.2　钢管混凝土格构式桥墩最大响应位移预估方法 ············ 150
8.2.1　E1多遇地震作用下的墩顶最大弹性位移 ············ 150
8.2.2　E2罕遇地震作用下的墩顶最大弹塑性位移 ············ 151
8.3　钢管混凝土格构式桥墩基于性能的抗震设计方法 ············ 154
8.3.1　钢管混凝土格构式桥墩的抗震设防目标 ············ 154
8.3.2　钢管混凝土格构式桥墩的抗震验算方法 ············ 154
8.3.3　钢管混凝土格构式桥墩的抗震设计流程 ············ 155
8.4　钢管混凝土格构式桥墩抗震设计验算示例 ············ 156

参考文献 ············ 160

第1章

绪 论

1.1 研究背景与意义

近年来，随着我国交通基础设施建设的快速发展，有一大部分桥梁位于深沟峡谷、沟谷纵横的复杂地形，墩高超过40m的高桥墩被大量采用，在某些项目里高墩桥梁比例甚至占全线桥梁的70%以上。目前常规的钢筋混凝土结构用于高烈度地区高墩桥梁建设时，一方面，钢筋混凝土高墩在使用阶段受到初始几何缺陷、墩身局部缺陷、施工偏载、风荷载、温度、混凝土收缩徐变以及有效预应力损失等作用的影响，随着墩高的增加，施工误差也随之变大，垂直度测控更加困难，墩身垂直度容易超过结构容许的临界值，墩身处于偏心受压状态，严重影响到桥墩的稳定性和承载能力[1]；另一方面，由于桥墩自重与地震响应间的矛盾，往往导致墩身截面尺寸大、桩基数量多、施工困难、工程造价高[2]；再一方面，桥墩是桥梁结构承受竖向和水平荷载的重要构件，在强震作用下墩身承受较大弯剪作用，由于混凝土本身的脆性，如果外围箍筋的约束不够充分，容易发生弯曲破坏或剪切破坏，甚至引起桥梁的倒塌，给震后的抢险救援工作带来困难，造成生命财产和国家经济的巨大损失。1994年美国北岭地震、1995年日本阪神地震、1999年中国台湾集集地震及2008年汶川大地震的震后调查中均发现大量钢筋混凝土桥墩的严重震害。

为促进公路建设转型升级，提升公路桥梁品质，交通运输部于2016年陆续发布了《交通运输科技"十三五"发展规划》《交通运输部关于推进公路钢结构桥梁建设的指导意见》等文件，明确了钢结构、钢-混凝土组合结构是基础设施领域重点研发方向之一，决定推进公路钢结构、钢-混凝土组合结构桥梁建设，且明确要求特大跨径桥梁、抗震设防烈度7度及以上地区的高墩大跨径桥梁、弯坡斜等特殊形状桥梁，优先选用钢结构或钢-混凝土组合结构桥梁。

如图1-1所示，钢管混凝土（concrete-filled steel tube，CFST）组合桥墩是由多根钢管混凝土柱肢通过缀件连接形成的新型组合桥墩结构，可解决上述钢筋混凝土桥墩应用于高烈度地区桥梁时的诸多问题。目前工程中常用的钢管混凝土组合桥墩的结构形式主要有钢管混凝土格构墩、混合墩和叠合墩三种[3-7]。其中，钢管混凝土格构墩（简称CFST格构墩）采用缀管（空钢管或型钢结构）将多根钢管混凝土柱肢连接而成；钢管混凝土混合墩（简称CFST混合墩）由上部的钢管混凝土格构柱和下部的钢管混凝土复合柱组成，其中钢管混凝土复合柱在主受力方向（面内）以钢筋混凝土腹板为缀板连接柱肢；钢管混凝土叠合墩（简称CFST叠合墩）是将钢管混凝土格构柱作为劲性骨架，同时柱肢外包混凝土（CFST wrapped with concrete，CCFST）并通过钢筋混凝土腹板连接组成的一种箱形桥墩。

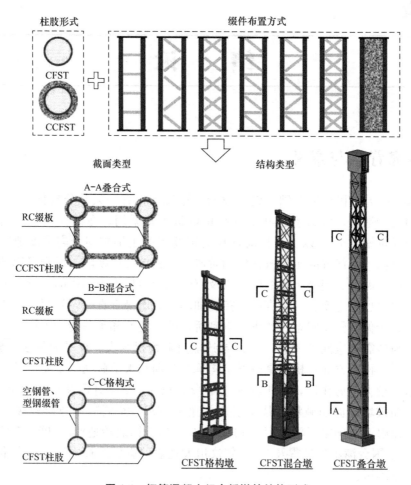

图1-1 钢管混凝土组合桥墩的结构形式

由于钢管混凝土格构墩和混合墩的结构形式相近、结构受力机理相似，本书将这两者统称为"钢管混凝土格构式桥墩"。与钢管混凝土格构式桥墩相比，钢管混凝土叠合墩的结构形式更加复杂，在地震反复荷载作用下随着其不同部位的材料与构件发生破坏，钢管混凝土叠合墩塑性铰区域的截面特性和整体结构受力机理在不断变化，受力机理十分复杂[8,9]，导致现有的钢筋混凝土桥墩或钢管混凝土格构式桥墩的研究成果无法适用于钢管混凝土叠合墩。因此，本书研究对象仅针对钢管混凝土格构式桥墩，钢管混凝土叠合墩的相关内容留待日后另行论述。

钢管混凝土格构式桥墩最先应用于四川雅泸高速公路的干海子特大桥（图1-2），该桥位于抗震设防烈度8度区，砂石材料来源困难，施工条件恶劣，为此其上部结构采用轻型的钢管桁架连续梁，下部结构中15个20~70m的高墩采用了钢管混凝土格构墩，10个70m以上的高墩（最高达107m）采用了钢管混凝土混合墩[4,6]。另外，重庆市南岸区黄桷湾立交桥主线桥（最大墩高36m）也采用了钢管混凝土格构墩[10]。

从实际工程效果来看，钢管混凝土格构式桥墩不仅可简化高墩桥梁的施工工艺，还可有效减小截面尺寸，减轻结构自重，提高抗震能力。具体来说，有以下专业特点：1) 钢管混凝土格构式桥墩通过柱肢与缀管的合理组合，使主要受力的钢管混凝土柱肢远离截面形心轴而具有较大截面惯性矩，与具有相同承载力的钢筋混凝土桥墩相比，自重更轻、抗弯刚度更大、更适用于荷载偏心率或长细比较大的受力工况；2) 钢管混凝土格构式桥墩的柱肢钢管可有效约束核心混凝土，延缓混凝土受压时的纵向开裂；同时，核心混凝土的存在可有效地延缓或避免薄壁钢管过早地发生局部屈曲，使桥墩的承载力和塑性能力得到有效提高；3) 钢管混凝土混合墩在墩底采用钢筋混凝土腹板代替钢管混凝土格构墩中的缀管，不仅可降低墩身重心高度、减小结构剪切变形、提高结构稳定性，且钢筋混凝土腹板在强震作用下还可以作为耗能构件。

(a) 干海子特大桥全貌

(b) 钢管混凝土格构墩

(c) 钢管混凝土混合墩

图 1-2　干海子特大桥应用的钢管混凝土格构式桥墩

随着我国山区交通基础设施建设进一步快速发展，新建道路往往需要跨越深沟峡谷或大江大河，不可避免地需要大量采用高墩大跨桥梁结构体系。而这些桥梁往往面对地形地质条件复杂、地震烈度高的建设难题，钢管混凝土格构式桥墩正是克服这一建设难题的重要技术路径，具有广阔的应用前景。

然而，现行《公路桥梁抗震设计规范》JTG/T 2231-01—2020[11]主要适用于单跨跨径不超过150m的混凝土梁桥、圬工或混凝土拱桥等常规桥梁的抗震分析，并指出对于墩高超过40m，墩身第一阶振型有效质量低于60%，且结构进入塑性的高墩桥梁应作专项研究。《公路桥梁抗震设计规范》JTG/T 2231-01—2020中钢筋混凝土桥墩变形的验算主要针对塑性铰区域的塑性转角和墩顶位移这两个指标，其容许值大小取决于塑性铰区域截面延性安全系数、屈服曲率、极限曲率以及塑性铰长度等参数。而由于钢管混凝土格构式桥墩和钢筋混凝土桥墩在受力机理和破坏模式上的明显不同，现有钢筋混凝土桥墩墩顶位移、塑性铰区域的截面屈服曲率、极限曲率以及等效塑性铰长度的计算方法无法适用于钢管混凝土格构式桥墩。另外，目前新建和在建的采用钢管混凝土格构式桥墩的桥梁大多没有经历过强震的考验，震害资料缺乏，其抗震设计理论和方法研究存在不足，特别是对其在罕遇地震作用下桥梁结构的破坏机理和灾变过程等知之甚少。这导致了设计人员在面对钢管混凝土格构式桥墩的抗震设计时往往无从下手，影响了此类新型组合桥墩在高烈度地区桥梁工程中的推广应用。

有鉴于此，一方面，国内外学者在前期已进行了大量关于此类组合结构静力性能方面的研究，如清华大学聂建国院士[12]、韩林海教授[13]、中南大学蒋丽忠教授[14]以及福州大学陈宝春教授团队[15-19]等以长细比、偏心率、缀管连接形式、柱肢坡度、钢筋混凝土腹板高度、柱肢钢管直径为参数，开展了大量静力试验、数值模拟分析和极限承载力计算方法等方面的研究（见图1-3），相关成果已较为成熟，并形成了相关设计规范[20-22]，可为钢管混凝土格构式桥墩在正常使用与承载能力极限状态设计提供明确的指导。

另一方面，近年来关于钢管混凝土组合桥墩的抗震性能和抗震设计方法的研究正逐渐成为相关领域的研究热点。日本学者河野昭彦[23-24]最先对等截面双肢钢管混凝土格构柱进行了拟静力试验研究；大连理工大学杨有福教授[25]、内蒙古科技大学李斌教授[26]等对三肢钢管混凝土格构柱的滞回性能开展了拟静力试验与有限元分析研究；中南林业科技大学陈伯望教授[27]、中南大学蒋丽忠教授[28]、福建工程学院欧智菁教授[29]等对低周反复荷载作用下四肢钢管混凝土格构柱的抗震性能开展了试验研究。

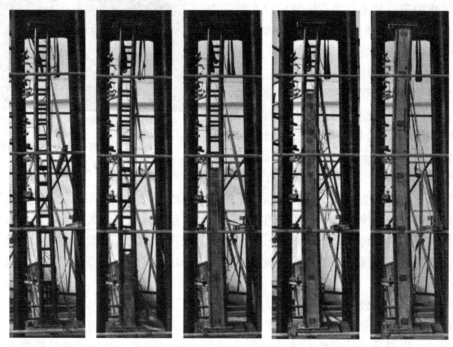

(a) 腹板高度不同的格构式桥墩的偏压试验

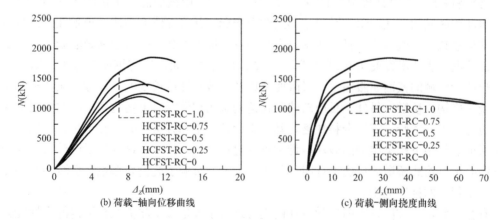

(b) 荷载-轴向位移曲线

(c) 荷载-侧向挠度曲线

图1-3 钢管混凝土格构式桥墩极限承载力试验研究[19]

综上所述，目前国内外在钢管混凝土组合墩柱静力性能方面的相关研究已比较成熟，可为钢管混凝土格构式桥墩在持久状况与短暂状况下的极限状态设计提供明确的指导与有效的参考。然而，关于钢管混凝土格构式桥墩在地震作用下的承载能力极限状态设计，现行规范和已有研究成果尚未明确给出此类组合结构的抗震分析理论、地震损伤控制设计、恢复力模型等，导致钢管混凝土格构式桥墩的设计缺乏理论依据和科学性，存在着一定的盲目性，制约了此类组合结构在我国高烈度地区的推广应用。

为此，笔者以钢管混凝土格构式桥墩为研究对象，开展了此类新型组合桥墩的缩尺模型拟静力试验[30-31]、拟动力试验[32-33]以及振动台试验[34]，全面了解此类组合结构的截面类型、缀件布置方式、柱肢放坡系数、长细比、轴压比以及地震动特性等参数对其破坏机理、极限承载力和滞回特性的影响规律，明晰钢管混凝土格构式桥墩在材料、构件、结构三个层次之间的地震损伤演化规律；同时，探讨了钢管混凝土格构式桥墩的两种有限元数值模拟方法，提出可用于实际桥墩弹塑性地震反应分析的有限元计算方法[30]。基于上述研究成果，笔者提出了钢管混凝土格构式桥墩的水平荷载-位移能力曲线的统一计算方法[35]，提出了此类组合桥墩的抗震性能设计指标与墩顶最大响应位移计算方法[33]。最终，建立了钢管混凝土格构式桥墩的抗震性能化设计方法和抗震设计流程，并通过一座采用钢管混凝土格构式桥墩的轻型组合桥梁的非线性地震响应分析和安全性评价[36-38]，进一步验证和完善本书提出的基于性能的钢管混凝土格构式桥墩抗震设计方法。

希望本书的研究成果有助于促进钢-混凝土组合结构桥梁的进一步发展，为钢管混凝土格构式桥墩在高烈度地区的工程应用和相关国家标准的制定和修订提供科学依据。

1.2 本书的框架内容

本书主体内容分为三个部分。第一部分包括第2章、第3章和第4章，通过拟静力试验研究钢管混凝土格构式桥墩在水平低周反复荷载作用下的破坏形态与抗震性能，并建立可用于抗震分析的有限元方法，开展此类新型桥墩能力曲线的参数敏感性分析。第二部分为第5章、第6章和第7章，通过拟动力试验和地震模拟振动台试验研究钢管混凝土格构式桥墩在真实地震动作用下的地震响应特性，并通过非线性时程分析进一步探讨此类新型桥墩的非线性地震响应特性。第三部分，即第8章，基于前两部分的研究成果阐述钢管混凝土格构式桥墩的抗震性能化设计方法，为此类新型桥墩在E1多遇地震和E2罕遇地震作用下的抗震设计和抗震性能评估提供参考。具体内容如下：

第2章分别针对钢管混凝土格构墩和混合墩，参考实际工程中所使用的构造参数，按照截面尺寸1∶8的相似比进行了17个格构墩试件和5个混合墩试件的设计，并开展了在恒定轴力与水平低周反复荷载作用下的拟静力试验，了解格构墩和混合墩的破坏模式和抗震性能。

第3章分别采用通用有限元软件ABAQUS与OpenSEES建立钢管混凝土格构式桥墩的精细化实体单元有限元模型和纤维单元杆系有限元模型，并分别与第2章拟静力试验结果进行对比验证；而后通过比较两种建模方法在计算成本上的差异，提出适用于钢管混凝土格构式桥墩抗震分析的有限元建模方法和建模原则。

第4章使用第3章建议的纤维单元杆系有限元建模方法，以腹板高度系数、长细比、构件截面尺寸、轴压比等为主要参数，对钢管混凝土格构式桥墩在单向水平荷载和水平低周反复荷载作用下的抗震性能进行深入而全面的静力弹塑性分析，并获得此类桥墩基底剪力-墩顶位移能力曲线。

第 5 章在第 2 章拟静力试验研究的基础上，进行了 2 个 1∶8 钢管混凝土格构墩试件的拟动力试验，分别采用 2008 年汶川大地震和 1995 年日本阪神大地震的地震动时程记录作为输入地震波，研究在不同强度地震和主余震作用下此类结构的变形、强度、刚度、耗能等抗震性能。

第 6 章依托实际工程，设计制作了几何缩尺比例为 1∶8 的两跨钢管混凝土组合桁梁-混合墩模型，并利用福州大学的地震模拟振动台三台阵系统，开展基本动力特性试验和抗震性能试验，同时建立实桥原型的纤维单元杆系有限元模型，分析该类新型桥梁在实际地震作用下的地震响应特性。

第 7 章针对具有不同腹板高度系数的钢管混凝土格构式桥墩，以地震动特性和关键构造尺寸为主要参数，进行此类新型组合结构桥墩的非线性时程分析，研究 E1 多遇地震和 E2 罕遇地震作用下钢管混凝土格构式桥墩的非线性地震响应特性。

第 8 章首先根据第 2 章水平低周反复荷载试验结果和第 4 章能力曲线参数敏感性分析结果，提出钢管混凝土格构式桥墩的抗震性能设计指标；其次，基于第 5 章拟动力试验和第 6 章地震模拟振动台试验结果及第 7 章非线性地震响应分析结果，提出地震作用下钢管混凝土格构式桥墩的墩顶最大响应位移计算方法；最后，结合桥墩的抗震设防目标，建立钢管混凝土格构式桥墩基于性能的抗震设计方法和抗震设计流程。

第2章
钢管混凝土格构式桥墩的水平低周反复荷载试验

本章依托实际工程中所使用的钢管混凝土格构式桥墩,以混凝土腹板高度系数、钢管混凝土柱肢坡度、柱肢材料强度、柱肢纵向间距、缀管竖向间距及轴压比为主要试验参数,进行钢管混凝土格构式桥墩试件设计,并开展在恒定轴力与水平低周反复荷载作用下的拟静力试验,以期了解此类新型桥墩的破坏现象、破坏机理和滞回性能。

2.1 拟静力试验设计

2.1.1 试验模型设计

以干海子特大桥20号钢管混凝土格构式桥墩为原型,综合考虑模型尺寸效应、设备长度限制及模型制作等因素,确定格构墩和混合墩的试件尺寸相似比均为1∶8。实桥桥墩柱肢钢管和缀管钢管的尺寸分别为$\phi 813mm \times 16mm$和$\phi 406mm \times 10mm$,钢材均采用Q345,管内混凝土强度等级为C50。按照1∶8相似比理论缩尺后,试件钢管规格为柱肢$\phi 102mm \times 2mm$,缀管$\phi 51mm \times 1.25mm$,但由于目前市场上并无上述规格的钢管,故选取规格相近的钢管进行试验模型的加工与制作,即柱肢钢管为$\phi 114mm \times 2mm$、缀管钢管为$\phi 48mm \times 2mm$。柱肢纵向间距取500mm,平联缀管竖向间距为250mm;为便于试件的制作和吊装,保证试件面外为强轴方向,不发生面外失稳,同时考虑到墩顶作动器加载宽度等要求,横向柱肢中心间距定为700mm。

根据钢管混凝土格构式桥墩的结构形式,本次试验所使用的桥墩试件主要分为格构墩和混合墩两种,如表2-1所示。其中,格构墩试件的主要变化参数为钢管混凝土柱肢坡度、柱肢管内混凝土强度、柱肢纵向间距、缀管竖向间距及轴压比;混合墩试件的主要变化参数为混凝土腹板高度系数和柱肢纵向间距。钢管混凝土柱肢坡度参数主要有无坡度、1∶60、1∶40、1∶20四种,以柱肢坡度1∶40为例进行说明,此时试件面内方向墩顶柱肢中心间距为500mm,墩底柱肢中心间距为625mm;钢管采用Q235和Q345两种;柱肢管内混凝土强度等级有C40、C50、C60三种;柱肢纵向间距有250mm、500mm、650mm三种;缀管竖向间距有200mm、250mm、313mm三种;轴压比为0.10、0.15、0.20、0.30、0.40五种;混凝土腹板高度系数考虑了0.0、0.3、0.5、0.7四种。限于篇幅,图2-1仅给出了本次试验中柱肢无坡度的钢管混凝土格构式桥墩试件的构造示意。

钢管混凝土格构式桥墩拟静力试验试件基本参数　　表 2-1

桥墩类型	编号	钢管钢材牌号	管内混凝土强度等级	试件高度 l_h (mm)	腹板高度系数 κ	柱肢坡度 s_l	墩顶柱肢纵向间距 d_{w1} (mm)	墩底柱肢纵向间距 d_{w2} (mm)	缀管竖向间距 d_v (mm)	轴压比 n
格构墩	QS-ELP01	**Q235**	C50	2500	0.0	—	500	500	250	0.15
	QS-ELP02	**Q345**	C50	2500	0.0	—	500	500	250	0.15
	QS-ELP03	Q235	**C40**	2500	0.0	—	500	500	250	0.15
	QS-ELP04	Q235	**C60**	2500	0.0	—	500	500	250	0.15
	QS-ELP05	Q235	C50	2500	0.0	—	**250**	**250**	250	0.15
	QS-ELP06	Q235	C50	2500	0.0	—	**650**	**650**	250	0.15
	QS-ELP07	Q235	C50	2500	0.0	—	500	500	**200**	0.15
	QS-ELP08	Q235	C50	2500	0.0	—	500	500	**313**	0.15
	QS-VLP01	Q345	C50	2500	0.0	**1:60**	500	583	250	0.15
	QS-VLP02	Q345	C50	2500	0.0	**1:40**	500	625	250	0.15
	QS-VLP03	Q345	C50	2500	0.0	**1:20**	500	750	250	0.15
	QS-VLP04	Q345	C50	2500	0.0	1:40	500	625	250	**0.10**
	QS-VLP05	Q345	C50	2500	0.0	1:40	500	625	250	**0.20**
	QS-VLP06	Q345	C50	2500	0.0	1:40	500	625	250	**0.30**
	QS-VLP07	Q345	C50	2500	0.0	1:40	500	625	250	**0.40**
	QS-VLP08	Q345	C50	2500	0.0	1:40	500	625	**200**	0.15
	QS-VLP09	Q345	C50	2500	0.0	1:40	500	625	**313**	0.15
混合墩	QS-EHP01	Q345	C50	2500	**0.3**	—	500	500	250	0.15
	QS-EHP02	Q345	C50	2500	**0.5**	—	500	500	250	0.15
	QS-EHP03	Q345	C50	2500	**0.7**	—	500	500	250	0.15
	QS-EHP04	Q345	C50	2500	0.7	—	**250**	**250**	250	0.15
	QS-EHP05	Q345	C50	2500	0.7	—	**650**	**650**	250	0.15

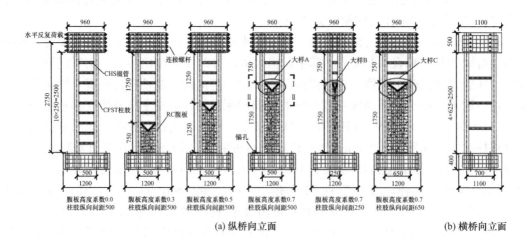

图 2-1　钢管混凝土格构式桥墩试件结构示意图（单位：mm）

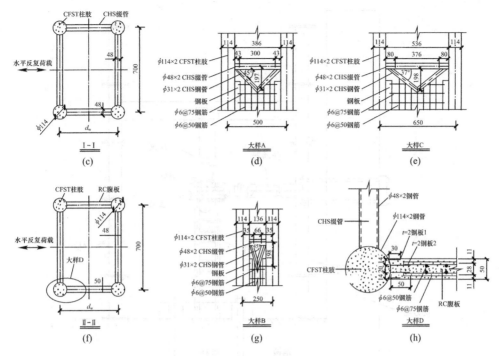

图 2-1 钢管混凝土格构式桥墩试件结构示意图（单位：mm）（续）

2.1.2 加载方案设计

采用水平低周反复荷载进行钢管混凝土格构式桥墩的拟静力试验。上述试验均在福州大学土木工程学院的福建省土木工程多灾害防治重点实验室进行。试验过程中将试件的底座通过高强度螺杆固定于地槽，竖向力则由作用在墩顶顶部加载板上的100t液压千斤顶施加，加载板的作用是用以确保仅施加竖向轴力并避免混凝土柱帽顶端发生局部破坏。格构墩试件传给千斤顶的竖向反力通过钢横梁传递给两侧的钢架，再传递给地槽。反复水平力由锚固于反力墙上的500kN水平作动器施加，作动器的长度为2780mm，行程为±250mm。试验加载装置示意图和实际加载情况分别如图2-2和图2-3所示。

在拟静力试验的加载过程中，先施加墩顶的竖向轴力，在保证轴力恒定的情况下，再在墩顶水平方向施加反复水平位移，以模拟实际水平地震作用，具体步骤为：

（1）施加竖向荷载。正式加载前，先施加竖向荷载至 $0.5N_0$（N_0 为正式加载时的轴力设计值），然后均匀卸载至零，以消除试件内部的不均匀性，接着再分级加载至设计荷载 N_0 并一直保持恒定。

（2）施加水平位移。采用位移控制的形式进行加载。在试件达到屈服前，每级位移循环两次；试件达到屈服后，以试件屈服时所对应的屈服位移的倍数作为控制位移进行加载，即 $1\delta_y$、$1.5\delta_y$、$2\delta_y$、$2.5\delta_y$、$3\delta_y$……每级位移循环3次，直至试件破坏。判断试件屈服的条件为柱肢底部钢管受拉侧或受压侧应变片测得的应变达到钢材屈服应变。位移加载模式如图2-4所示。

（3）加载结束。当格构墩试件水平荷载下降到峰值荷载的85%左右或者试件不适于继续承载时，试验结束。

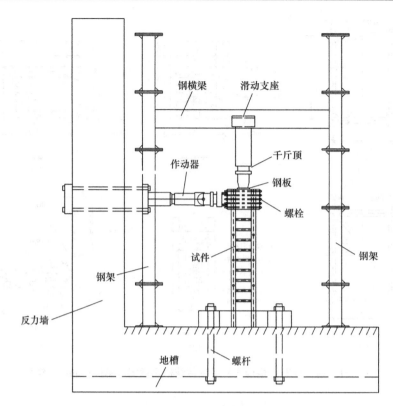

图 2-2　钢管混凝土格构式桥墩拟静力试验加载示意图

(a) 格构墩　　　　　　(b) 混合墩

图 2-3　钢管混凝土格构式桥墩拟静力试验加载现场

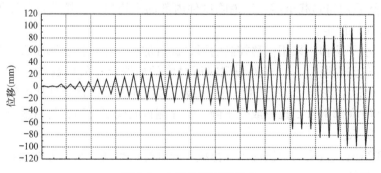

图 2-4　水平位移加载模式

2.1.3 测量方案设计

试验过程中每级位移加载持荷 2~3min，等所有量测仪器稳定后记录各测点数据，并观察试件的变化，记录试验现象。

为获得试件顶部的位移情况，在柱帽中部分别布置一个纵向与横向的位移计以校验试件是否发生侧偏，并在试件底座布置相应位移计以检验底座是否发生松动。位移计的布置如图 2-5 所示。

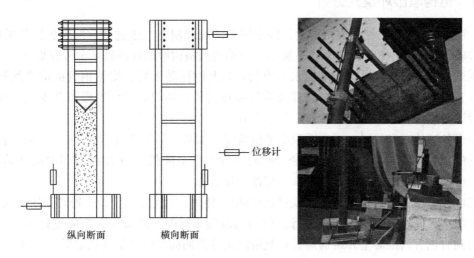

图 2-5　位移计布置示意图

在墩顶水平力和竖向力作用下桥墩承受压弯作用，为了解试件各主要受力部件的应变情况，在各试件柱肢顶部、上部格构段中部、腹板顶部、1/2 柱肢高度、1/4 柱肢高度、1/8 柱肢高度以及柱肢底部等位置布置双向应变花，以测得试验中柱肢钢管的轴向应变和环向应变；对于腹板混凝土应变片的布置，则在腹板顶部、中部、底部的两侧布置三向片，考察裂缝开展趋势。此外，在部分纵向缀管上布置应变片以观测缀管的轴向受力状态。试件的应变片布置方案如图 2-6 所示。

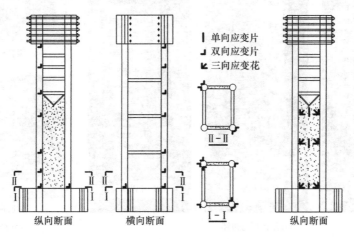

图 2-6　应变片布置示意图

试验中还需要观察试件破坏情况，如腹板混凝土裂缝、塑性铰区域、柱肢钢管鼓曲及缀管根部撕裂等。当每级加载结束后持荷 2~3min，用记号笔描绘裂缝的开展情况，同时观察缀管根部是否有撕裂、柱肢钢管是否有鼓曲现象，观察试件的塑性铰位置。

2.2 钢管混凝土格构墩试验结果与分析

2.2.1 格构墩破坏模式分析

8 个等截面与 9 个变截面格构墩试件采用相同加载制度，通过试验发现各试件的破坏过程和破坏形态基本相似，如图 2-7 所示。归纳得到格构墩试件的破坏全过程如下：

在试验加载初期，墩顶施加的水平力较小，此时柱肢钢管、缀管钢管的应变均较小，钢管与管内的混凝土协同工作，试件无明显破坏现象，卸载后试件变形可基本完全恢复，格构墩试件整体处于弹性工作阶段，基本完好。

由于各试件高度相同，随着墩顶水平位移逐级加载，当位移值达到 20~25mm 时，柱肢底部的钢管应变开始达到屈服应变，此时试件的水平荷载-水平位移滞回曲线开始出现拐点，格构墩柱肢底部开始相继进入弹塑性工作状态。

当墩顶水平位移达到 1.5~2 倍屈服位移时，距离柱肢底部 1~2cm 处的受压侧钢管首先发生微小鼓曲，随着试验加载进行，鼓曲的范围和程度不断增大，鼓曲变得不可恢复，同时听到有钢管内混凝土碎裂的声音；此阶段试件滞回曲线已经形成明显的滞回环。

当墩顶水平位移达到 2~3 倍屈服位移时，柱肢底部钢管发生明显的屈曲变形，布置在试件中部的缀管根部焊缝出现微裂纹。此时试件的水平荷载仍处于上升阶段，还未达到峰值。

QS-ELP01

QS-ELP05

QS-ELP06

(a) 整体压弯破坏

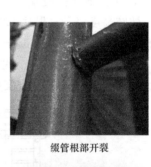
缀管根部开裂

柱肢底部屈曲

(b) 局部破坏

图 2-7 格构墩试件的破坏模式

当墩顶水平位移达到3～4倍屈服位移时，柱肢底部钢管屈曲变形愈发明显并形成鼓曲环，说明钢管已经屈服并且发生了很大的塑性变形；布置在试件1/4～3/4高度处的缀管根部焊缝陆续出现微小裂纹，随着加载位移的不断增大，不断有新裂纹出现，而已有的裂纹，其长度和宽度则不断增大。达到最大水平荷载之后，各试件的延性变形能力较好，荷载能保持平缓而不迅速下降。

当墩顶水平位移达到4～5倍屈服位移时，位于试件中部的个别缀管根部出现撕裂现象，在加载过程中可以明显听到缀管断裂的响声，此时水平荷载开始进入明显下降阶段。

当墩顶水平位移达到5～6倍屈服位移时，试件中部区域的缀管根部撕裂数量明显增多，水平荷载不断下降且幅度不断增大。当承载力下降至最大水平荷载的85%，认为试件发生破坏，停止加载。

由于试件QS-ELP01（以下各试件均取试件编号后五个字符作为简称）、ELP02、ELP03和ELP04的几何尺寸一致，只是改变了柱肢钢管强度和柱肢管内混凝土强度，破坏现象和过程基本一致，只有试件的承载力随着钢管强度和混凝土强度的增加有所提高；随着柱肢纵向间距的减小，试件ELP05的刚度明显减小，整体挠曲明显；由于缀管竖向间距的增大，格构墩四根柱肢的整体性降低，试件ELP08和VLP09与其他试件相比，试件延性较差，水平峰值荷载过后，试件的承载力下降较快，而由于试件ELP07和VLP08的缀管分布最密，试件整体工作性能最好，试件的荷载在所有格构墩试件中达到最高；随着柱肢坡度的增加，柱底部间距变大，试件VLP02的刚度和承载力在同一组变化参数的试件中均取得最大值；随着轴压比的增大，试件在水平峰值荷载之后的极限位移呈现出明显的减小趋势。

本次试验在柱肢钢管不同高度处均布置了双向应变片，由于测点较多，本书只选取了等截面格构墩试件ELP01的部分有代表性测点，绘制如图2-8所示的水平荷载-钢管应变曲线。由图可知，柱肢底部钢管轴向应变曲线较为饱满，在试验加载过程中此处的钢材最先进入屈服；柱肢底部钢管的环向应变以拉应变为主，在加载初期钢管环向应变较小，随着水平往复加载的进行，钢管对混凝土的约束加强，钢管环向产生较大的应变，致使钢材环向达到屈服；柱肢钢管的纵向和环向应变从下往上呈减小的趋势，柱肢钢管和核心混凝土的相互作用也逐渐减弱，柱肢中部截面的钢管基本处于弹性工作状态。

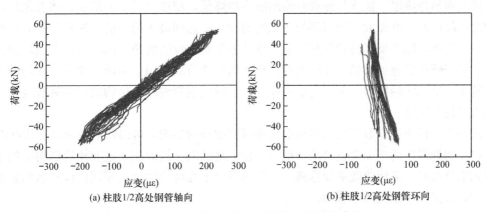

(a) 柱肢1/2高处钢管轴向　　(b) 柱肢1/2高处钢管环向

图2-8　格构墩试件的水平荷载-钢管应变曲线

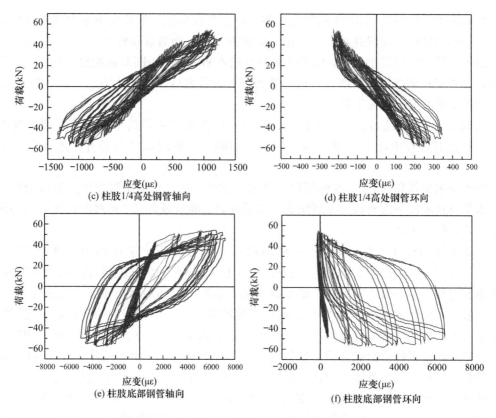

图 2-8 格构墩试件的水平荷载-钢管应变曲线（续）

2.2.2 滞回曲线与骨架曲线

2.2.2.1 滞回曲线

图 2-9 为拟静力试验实测得到的钢管混凝土格构墩试件的水平荷载-位移滞回曲线。由于试件数量众多，而篇幅有限，图中只展示了有代表性的 12 个试件的试验结果。

由图 2-9 可知，试件在屈服之前处于弹性工作阶段，滞回曲线基本呈线性变化，循环一次所形成的滞回环包围的面积较小，加载和卸载时的刚度无明显变化；试件屈服以后，试件进入弹塑性阶段，加载与卸载时的刚度逐步降低，塑性变形不断增大，随着循环次数的增加，降低的幅度加大，滞回环的面积逐渐增大；达到最大荷载后，加载与卸载时的刚度进一步降低，随着反复荷载位移增加，柱肢底部塑性铰的转角不断增大，滞回环的面积增大，滞回环形状愈加饱满。总体来看，在低周反复荷载作用下滞回曲线的形状均较为饱满，基本上呈稳定的梭形，无明显的捏缩现象，说明钢管混凝土格构墩试件具有良好的耗能能力及抗震性能。

进一步分析不同参数变化对格构墩试件滞回曲线的影响，可以归纳得到以下几点：

（1）钢管强度的增加会显著增强钢管混凝土柱肢的套箍效应，进而使得格构墩的承载力得到明显提高，滞回曲线更加饱满；而管内混凝土强度的增加对滞回曲线形状的影响较小，仅略微提高了结构的承载力。

（2）随着柱肢钢管纵向位移的减小，或者缀管竖向间距的增加，格构墩柱肢之间的横向联系减小，结构的整体性变差，导致试件滞回曲线的饱满程度均有所降低，滞回环所包围的面积明显减小；达到最大荷载后，结构承载力衰减，极限变形和循环加载次数减小。在墩顶柱肢间距保持相同的前提下，随着柱肢坡度的增加，墩底柱肢间距变大，使得结构刚度和承载力有所增加，变形能力降低，但对滞回曲线饱满程度的影响不明显。

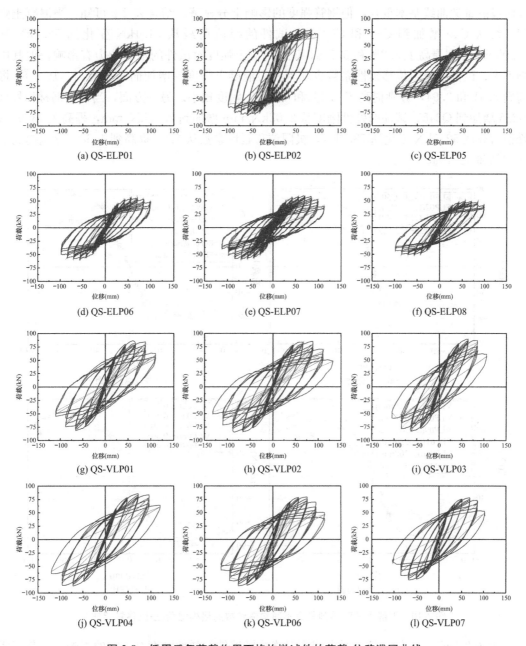

图 2-9 低周反复荷载作用下格构墩试件的荷载-位移滞回曲线

（3）轴压比的变化对试件屈服前的滞回曲线形状几乎没有影响。然而，当试件发生较大的弹塑性变形后，随着轴压比的增大，试件的滞回曲线形状由比较陡峭的梭形逐渐转变为比较饱满的椭圆形，但滞回曲线包围的总体面积在不断减小。

2.2.2.2 骨架曲线

图 2-10 比较了不同参数变化对格构墩试件骨架曲线的影响，表 2-2 列出了各试件骨架曲线的特征值。

从图 2-10(a) 可以看出，柱肢管内混凝土强度等级对格构墩骨架曲线的影响不大，弹性阶段的骨架曲线基本重合，但钢管强度的影响十分显著。结合表 2-2 可知，当混凝土强度等级从 C40 增加到 C50 和 C60 时，试件的峰值荷载从 51.1kN 变化到 52.7kN 和 54.0kN，分别提高了 3.2% 和 5.7%，说明混凝土强度对试件的承载能力有影响，但其影响不大；试件的极限位移延性系数也随着核心混凝土强度的增加而微小提高，从 3.87 提高到 3.91 和 3.94，分别提高了 1.0% 和 1.8%，幅度较小。另一方面，当钢管钢材牌号从 Q235 增加到 Q345，试件的弹性刚度从 2.08kN/mm 增加到 2.37kN/mm，提高了 13.9%；峰值荷载从 52.7kN 变化到 78.8kN，极限位移延性系数从 3.91 提高到 4.68，分别提高了 49.6% 和 19.7%。

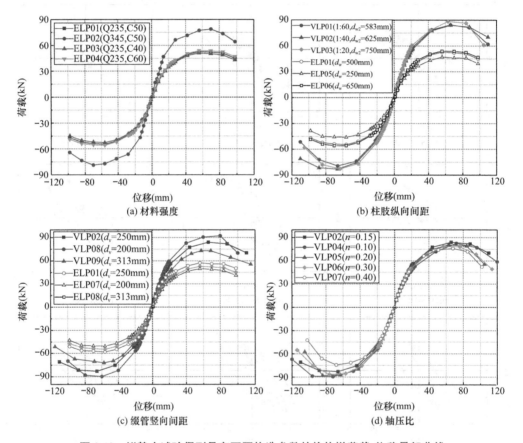

图 2-10 拟静力试验得到具有不同构造参数的格构墩荷载-位移骨架曲线

由图 2-10(b) 可知，柱肢纵向间距对格构墩试件的弹性刚度有一定的影响，随其间距的增大而增大。结合表 2-2 可知，对于等截面格构墩试件，当柱肢纵向间距由 250mm 增加到 500mm 和 650mm，峰值荷载从 47.1kN 增加到 52.7kN 和 54.0kN，分别提高了 11.8% 和 14.5%，说明柱肢纵向间距对提高试件承载力有一定的影响，承载力随其间距的增大而提高；位移延性系数从 3.81 提高到 3.91 和 4.07，分别提高了 2.6% 和 6.8%，说明随着柱肢纵向间距的增大，位移延性系数增大，延性越好。当墩顶柱肢纵向间距保持不变、柱肢坡度从无坡度逐渐变化到1∶20时，墩底柱肢纵向间距随之变大，试件底部抗弯惯性矩相应变大，弹性刚度从2.37kN/mm变化到2.81kN/mm、2.89kN/mm和3.00kN/mm，提高了18.6%~26.6%；峰值荷载从78.8kN增加至81.8kN、83.9kN和85.6kN，增幅约为3.8%~8.5%；但位移延性系数均有不同程度的减小，最低减小了约30%。

格构墩试件骨架曲线特征值　　　　　　表2-2

试件编号	K_a(kN/mm)	δ_y(mm)	V_y(kN)	δ_{max}(mm)	V_{max}(kN)	δ_u(mm)	V_u(kN)	μ_{max}	μ_u
QS-ELP01	2.08	25.34	40.43	54.30	52.70	99.00	44.80	2.14	3.91
QS-ELP02	2.37	20.09	55.24	70.00	78.84	94.00	67.00	3.48	4.68
QS-ELP03	2.03	25.16	38.94	56.00	51.07	97.27	43.41	2.23	3.87
QS-ELP04	2.11	25.59	41.03	56.00	53.99	100.88	45.89	2.19	3.94
QS-ELP05	1.86	25.39	36.20	68.50	47.13	96.60	40.06	2.70	3.81
QS-ELP06	2.18	24.76	41.12	69.60	53.98	100.89	45.88	2.81	4.07
QS-ELP07	2.34	24.45	44.14	67.30	57.21	100.05	48.63	2.75	4.09
QS-ELP08	1.89	26.36	37.39	56.00	49.82	94.87	42.35	2.12	3.60
QS-VLP01	2.81	29.12	51.09	69.55	81.82	98.90	69.55	2.39	3.40
QS-VLP02	2.89	29.02	52.08	66.12	83.94	104.17	71.35	2.28	3.59
QS-VLP03	3.00	28.57	52.90	63.29	85.57	93.32	72.73	2.21	3.27
QS-VLP04	2.84	29.90	55.43	72.32	85.01	105.04	72.26	2.42	3.51
QS-VLP05	2.80	29.85	50.30	63.21	83.62	93.38	71.08	2.12	3.13
QS-VLP06	2.79	29.60	46.38	57.37	82.53	96.51	70.15	1.94	3.26
QS-VLP07	2.72	28.37	45.82	68.21	77.21	91.31	65.63	2.40	3.22
QS-VLP08	3.29	29.51	55.40	59.21	97.21	90.61	82.63	2.01	3.07
QS-VLP09	2.48	30.33	41.88	58.12	75.07	109.52	63.81	1.92	3.61

注：K_a(kN/mm)为弹性阶段刚度，δ_y(mm)为屈服位移，V_y(kN)为屈服荷载，δ_{max}(mm)为峰值位移，V_{max}(kN)为峰值荷载，δ_u(mm)为极限位移，V_u(kN)为极限荷载，峰值位移延性系数$\mu_{max}=\delta_{max}/\delta_y$，极限位移延性系数$\mu_u=\delta_u/\delta_y$。

如图2-10(c)所示，缀管竖向间距对格构墩试件骨架曲线的影响主要体现在弹性刚度和水平峰值荷载上，随着缀管竖向间距的增大，试件弹性阶段的刚度、水平承载力随之降低。结合表2-2可知，当格构墩的缀管竖向间距由200mm增加到250mm和313mm，等截面试件的峰值荷载从57.2kN减小到52.7kN和49.8kN，变截面试件的峰值荷载从97.2kN减小到83.9kN和75.1kN，分别降低了7.9%~12.9%和13.7%~22.7%；等截面试件的极限位移延性系数从4.09减小到3.91和3.60，降低了4.4%~12.0%，而变截面试件的极限位移延性系数从3.07增加到3.59和3.61，增加了16.9%~17.6%，两者变化规律相反，主要是因为延性系数是极限位移与屈服位移的比值，无法充分说明试件的延性变形能力。由于各试件高度相等，若从峰值位移与极限位移来看，随着缀管竖向间距的增大，无论是等截面试件还是变截面试件，试件的峰值位移与极限位移均有不同程度减小，即格构墩的延性变形能力减弱。

轴压比的变化对格构墩试件屈服前的工作状态几乎没有影响，格构墩试件的弹性刚度基本没有变化，主要影响试件柱肢钢管发生屈服的快慢，以及进入弹塑性阶段后的抗震性能。结合图2-10(d)和表2-2可知，随着轴压比的增大，在格构墩试件墩顶发生较大水平变形时，上部轴力的二阶效应愈发明显，导致格构墩试件的屈服位移有所降低，峰值荷载、峰值位移和极限位移明显减小。当轴压比从0.10变化到0.40时，格构墩试件的峰值荷载从85.0kN变化到83.6kN、82.5kN和77.2kN，分别降低了1.6%、2.9%和9.2%；极限位移从105.04mm变化到93.38mm、96.51mm和91.31mm，降低了8.1%~13.1%。

2.2.3 耗能能力与性能退化

2.2.3.1 累积滞回耗能

试件在反复荷载作用下的水平荷载-位移滞回曲线所包围的面积可以衡量其能量耗散能力，它的好坏是评价试件抗震性能的一个重要依据。本节通过对格构墩试件的耗能数据进行分析，研究了各试件累积滞回耗能与加载位移的关系，如图2-11所示。

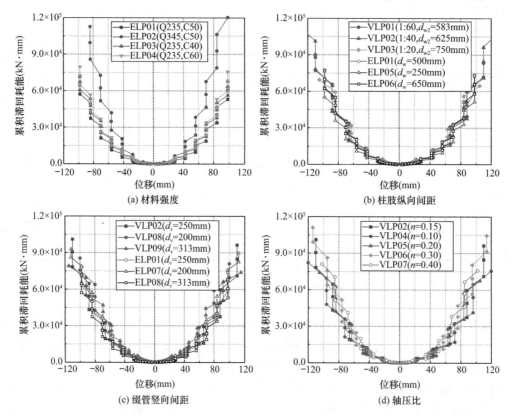

图2-11 格构墩试件累积滞回耗能-位移曲线图

由图2-11(a)可知，柱肢混凝土强度等级对格构墩试件累积滞回耗能的影响较小，累积滞回耗能曲线基本重合；当混凝土强度等级从C40增加到C50和C60时，对应于每一级加载位移，格构墩试件的累积滞回耗能有所提高，但幅度不大。另一方面，钢管强度对格构墩试件的累积滞回耗能影响显著，当钢管钢材牌号从Q235提升到Q345，可以看到在相同加载位移下，试件的累积滞回耗能明显提高。究其原因，主要是因为钢管强度提高后，柱肢与缀管的承载力均有较大幅度的提高，尤其是作为主要受力构件的柱肢，其外部Q345钢管与管内C50混凝土的材料组合效果显著，抗震性能优越，使得试件的滞回曲线比较饱满（见图2-9(b)），进而可耗散更多的地震能量。

由图 2-11(b) 和（c）可知，在一定范围内，增大柱肢纵向间距和减小缀管竖向间距能有效改善试件的耗能能力，不过当变截面试件的柱肢坡度从 1∶60 逐渐变化到 1∶20 时，或等截面试件的柱肢纵向间距从 500mm 增大至 650mm，或缀管竖向间距从 250mm 减小至 200mm 时，试件累积滞回耗能的数据基本不变，说明在实际工程中钢管混凝土格构墩的几何尺寸存在合理的设计范围，不用无谓地增大柱肢纵向间距和加密缀管。

由图 2-11(d) 可知，增大柱肢轴压比会增加格构墩试件在每一级加载位移时的累积滞回耗能，但当达到试件极限荷载时，轴压比为 0.15 的试件累积耗散了最多的能量。对于本次试验所采用的钢管混凝土格构墩试件，轴压比在 0.15~0.20 时，钢管混凝土柱肢可取得较佳的受弯承载能力，这由表 2-2 中的峰值荷载数值即可间接看出；而当轴压比继续增加，作为压弯构件的柱肢在进入弹塑性工作状态后，试件上部施加的竖向荷载的二阶效应愈发显著，柱肢抗震性能退化明显，部分高轴压比试件的滞回曲线比较单薄，且达到极限荷载时的极限位移较小，导致桥墩累积耗散的地震能量也较少。所以，对于钢管混凝土格构墩这样的轻型组合桥墩，目前在实际工程中主要应用在上部结构也为轻型主梁的桥梁中，以保证桥墩在合理的轴压比范围内充分发挥优越的滞回耗能能力。

2.2.3.2 性能退化曲线

本节所采用的试件刚度用割线刚度 K_i 表示，即在试件每一次循环加载与卸载的过程中正向卸载点与反向卸载点连线的斜率。各格构墩试件的刚度退化曲线如图 2-12 所示。图中刚

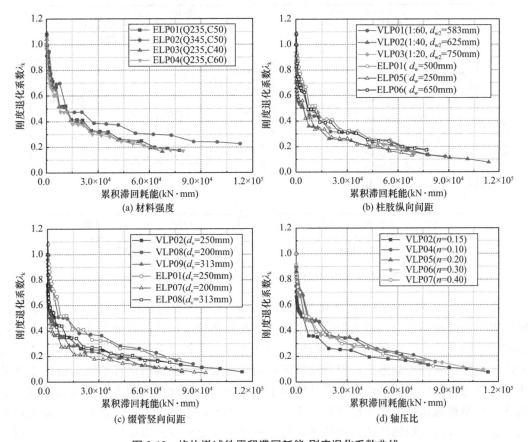

图 2-12 格构墩试件累积滞回耗能-刚度退化系数曲线

度退化系数 $\lambda_k = K_i/K_a$，反映试件在整个加载过程中刚度的总体退化特性，即第 i 次循环加载时的割线刚度 K_i 与试件弹性刚度 K_a 的比值。另一方面，本节采用强度退化系数 $\lambda_v = V_i/V_{max}$ 来反映试件在整个加载过程中强度的总体退化特性，即第 i 次循环加载时的峰值荷载 V_i 与骨架曲线峰值荷载 V_{max} 的比值。图 2-13 为强度退化系数 λ_v 随累积滞回耗能的变化情况。

由图 2-12 可知，随着累积滞回耗能的增大，各试件的刚度退化明显，主要原因是试件钢材的包辛格效应及损伤累计；在反复荷载的作用下，钢材的包辛格效应较为明显，导致承载力降低；而损伤主要是指柱肢钢材的屈服与塑性发展以及柱肢管内混凝土细微裂缝的产生与发展，二者的共同作用，导致试件刚度的退化。试件在屈服后均有较长的水平段，说明不会很快丧失承载能力，即使达到最大荷载后仍能继续承受荷载。

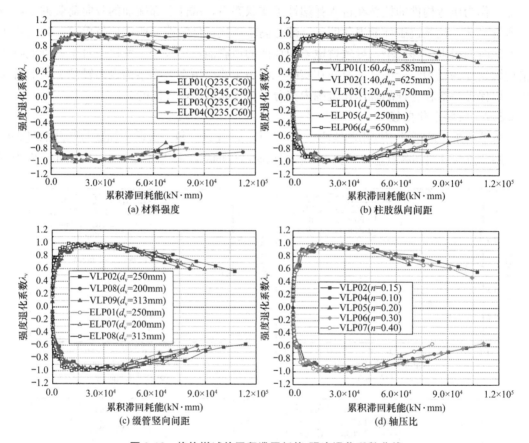

图 2-13 格构墩试件累积滞回耗能-强度退化系数曲线

由图 2-13 可知，管内混凝土强度等级对试件抗震性能退化的影响较小，各试件的刚度退化曲线基本重合；增大钢管强度可明显改善格构墩试件的性能退化趋势。在一定范围内，增大柱肢纵向间距或减小缀管竖向间距可一定程度上提高试件的整体工作性能和刚度，延缓试件性能退化；但当柱肢纵向间距过大时，格构墩试件的钢管混凝土柱肢无法有效组合形成整体结构，各柱肢倾向于独自受力，因此试件刚度与强度很早就开始退化。当格构墩试件的轴压比处在 0.15~0.30 的范围时，试件的性能退化趋势比较平缓，而过小或过大的轴压比均会使得格构墩试件无法充分发挥出良好的抗震性能，退化较快。

2.3 钢管混凝土混合墩试验结果与分析

2.3.1 混合墩破坏模式分析

2.3.1.1 腹板高度系数的影响

加载过程中,具有不同腹板高度系数的混合墩试件的破坏形式主要表现为腹板混凝土交叉斜裂缝、腹板处钢板鼓曲、柱肢钢管鼓曲和缀管根部焊缝开裂等现象,如图2-14所示。为了更加形象地表现出混合墩与格构墩在破坏模式上的差异,图中还展示了具有相同构造参数的格构墩试件ELP02的破坏形态。

从图2-14可观察到,当腹板高度系数κ从0.0变化到0.3时,混合墩试件的塑性铰区域由格构墩试件的柱肢底部上移至混凝土腹板顶部;而当腹板高度系数κ从0.3变化到0.7时,混合墩试件的塑性铰区域保持在混凝土腹板顶部。所有试件的格构段呈现出明显的剪切型破坏,格构段中部缀管根部焊缝严重撕裂,其余缀管根部焊缝也均有不同程度撕裂;墩顶位置以及混凝土腹板顶部位置的柱肢钢管发生明显的鼓曲变形;混凝土腹板顶部裂缝沿开口向两边扩展成斜裂缝,加载后期裂缝贯穿,而$\kappa=0.3$和$\kappa=0.5$的混合墩试件的腹板底部只有少量裂缝甚至没有产生裂缝,$\kappa=0.7$的试件的腹板对桥墩抗剪贡献较大,出现了较多的斜裂缝。与格构墩试件的塑性铰出现在柱肢底部的破坏模式相比,混合墩试件的柱肢塑性铰出现在混凝土腹板顶部,因此混合墩试件的弹性刚度和承载力均有较大提高。

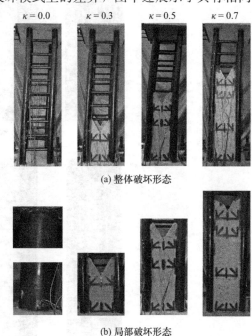

图2-14 腹板高度系数不同的混合墩试件的破坏模式

2.3.1.2 柱肢纵向间距的影响

图2-15比较了柱肢纵向间距不同的混合墩试件EHP03、EHP04和EHP05的破坏形态。由图可知,当柱肢纵向间距从250mm增加到500mm,混合墩试件的塑性铰从柱肢底部上移到腹板顶部位置;柱肢纵向间距从500mm增加到650mm,混合墩试件的塑性铰保持在混凝土腹板顶部位置。

柱肢纵向间距为250mm的混合墩试件EHP04呈现整体压弯破坏特征:钢管混凝土柱肢底部钢管鼓曲,混凝土腹板底部裂缝从两侧向中间开展水平裂缝,腹板顶部裂缝沿开口向两边发展成斜裂缝,在达到极限受压承载力时被压碎剥落,试件进而丧失承载力。

柱肢纵向间距为650mm的混合墩试件EHP05的格构段有明显的剪切型破坏,缀管根部焊缝撕裂,柱肢底部钢管鼓曲严重;腹板顶部混凝土达到极限受压承载力而被压碎剥落,而腹板底部混凝土尚未达到混凝土极限受压承载力。比较混合墩试件EHP04和

EHP05，可发现二者的破坏现象较为相似。因此，当混合墩试件的柱肢纵向间距达到一定大小时，桥墩受力机理基本相似。

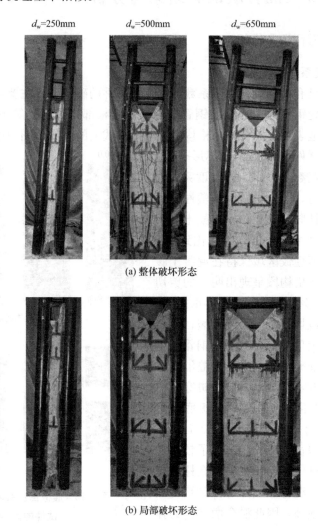

图 2-15　柱肢纵向间距不同的混合墩试件的破坏模式

2.3.2　滞回曲线与骨架曲线

2.3.2.1　滞回曲线

图 2-16 为拟静力试验实测得到的钢管混凝土混合墩试件的水平荷载-位移滞回曲线，其中第一行表示了具有不同腹板高度系数的试件，第二行是柱肢纵向间距不同的试件。

由图 2-16 可知，在加载初期所有混合墩试件的荷载-位移滞回曲线均呈过原点的直线形，水平荷载迅速提高，滞回环所围成的面积几乎为零，试件处于弹性工作阶段。随着水平位移继续增加，柱肢钢管发生屈服，滞回曲线所包围的面积不断增大且趋于饱满，残余变形逐渐增大，试件开始进入弹塑性工作状态。随着水平位移增加到 1~2 倍屈服位移，试件水平荷载逐渐达到峰值，在其后一段位移范围内荷载基本保持稳定，滞回曲线越发饱满，所围成的面积不断增大，卸载后试件的残余变形量增大。随着水平位移增加至 3~4

倍屈服位移，混合墩试件的柱肢、缀管与混凝土腹板的损伤加剧，试件抗震性能劣化，滞回曲线的最大荷载也逐渐下降至 0.85 倍峰值荷载，加载结束。当水平荷载卸载至零时，试件的水平位移无法回到原点，产生较大的残余变形量。

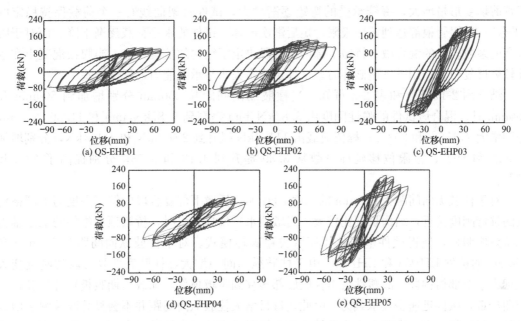

图 2-16 低周反复荷载作用下混合墩试件的荷载-位移滞回曲线

对于采用不同腹板高度系数的混合墩，各试件的滞回曲线均呈较饱满的梭形。随着腹板高度系数的增大，试件弹性刚度和峰值荷载随之增大，滞回曲线包围的面积也随之扩大，而试件的屈服位移和峰值位移相应减小，试件的延性变差。因此，混合墩的腹板高度系数存在一个合理的取值范围，以保证桥墩的强度和延性均衡。

在相同的腹板高度系数下，随着柱肢纵向间距的增加，混合墩试件的水平承载力随之增大，滞回曲线愈发饱满、所包围的面积也越多，试件的变形能力增强，卸载后的残余变形量变大；但当柱肢纵向间距达到一定界限时，试件的水平承载力增幅已变小，延性变差，因此混合墩的柱肢纵向间距也存在一个合理取值范围。

2.3.2.2 骨架曲线

图 2-17 比较了不同参数变化对混合墩试件骨架曲线的影响，表 2-3 列出了各试件骨架曲线的特征值。

结合图 2-17(a) 和表 2-3 可知，当腹板高度系数 κ 从 0.0 变化到 0.7，混合墩试件的弹性刚度从 2.37kN/mm 提高到 3.63kN/mm、5.71kN/mm 和 9.87kN/mm，分别增大了 53%、141% 和 316%，试件的峰值荷载从 78.8kN 变化到 103.0kN、133.7kN 和 204.0kN，分别增加了 31%、70% 和 159%；但峰值位移从 70.0mm 降低到 60.0mm、48.1mm 和 42.1mm，分别减少了 14%、31% 和 40%，极限位移从 94.0mm 降低到 81.5mm、71.2mm 和 55.5mm，分别减少了 11%、24% 和 41%，其中腹板高度系数为 0.5 的试件 EHP02 的极限位移延性系数最大，达到 5.25。

不难看出，随着腹板高度系数的增加，混合墩试件的弹性刚度和峰值荷载均随之增大，但变形能力变差。这主要是由于在桥墩高度相同的前提下，腹板高度系数越大，桥墩上部格构段长度越小，在反复荷载作用下试件的塑性铰向桥墩上部转移。腹板高度系数较低的混合墩试件的格构段对结构抗震性能有较大贡献，当墩顶水平位移不断增加，格构段缀管剪切变形量增大，缀管承受的弯矩逐渐增大，试件骨架曲线有一个荷载保持稳定的"平台"；当缀管根部达到截面极限弯矩后渐次破坏，试件的水平荷载逐渐下降。而对于腹板高度系数较大的混合墩，桥墩下部的复合段决定了结构的抗震性能，当腹板混凝土在墩顶较大反复位移作用下发生破坏时，试件迅速丧失水平承载能力，延性较差。

结合图 2-17(b) 和表 2-3 可知，当柱肢纵向间距从 250mm 分别增加到 500mm 和 650mm 时，混合墩试件的弹性刚度由 3.82kN/mm 提高到 9.87kN/mm 和 11.59kN/mm，分别增大了 158% 和 203%；峰值荷载由 111.8kN 提升到 204.0kN 和 211.4kN，分别增加了 82% 和 89%；极限位移延性系数从 3.39 提升到 4.13 和 5.58，分别提高了 22% 和 65%。

对于柱肢纵向间距为 250mm 的试件 EHP04，桥墩下部复合段的抗弯刚度与上部格构段的抗弯刚度接近，结构长细比较大，当墩顶水平位移较大时，桥墩顶部施加的恒定轴力二阶效应明显，使得试件呈现整体压弯失稳破坏模式。对于柱肢纵向间距为 500mm 和 650mm 的试件 EHP03 和 EHP05，由于柱肢纵向间距增大，柱肢底部复合段的刚度变大且远大于上部格构段，故塑性铰由柱肢底部转移到腹板顶部，加载后期腹板顶部柱肢钢管鼓曲严重，试件迅速丧失承载力。因此，盲目增大柱肢纵向间距并不会显著改善混合墩试件的抗震性能，在一定范围内根据结构受力情况适当地增大柱肢纵向间距，可以有效提高此类桥墩的承载力、刚度和延性。

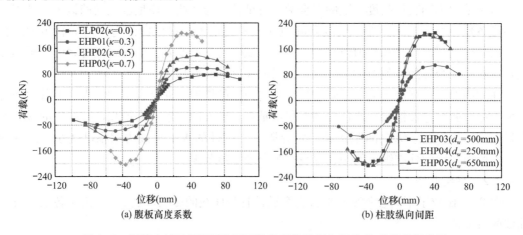

图 2-17 拟静力试验得到具有不同构造参数的混合墩荷载-位移骨架曲线

混合墩试件骨架曲线特征值　　　　　　表 2-3

试件编号	K_a(kN/mm)	δ_y(mm)	V_y(kN)	δ_{max}(mm)	V_{max}(kN)	δ_u(mm)	V_u(kN)	μ_{max}	μ_u
QS-EHP01	3.63	16.55	75.34	60.00	102.97	81.54	87.52	3.63	4.93
QS-EHP02	5.71	13.58	91.59	48.07	133.71	71.24	105.09	3.54	5.25
QS-EHP03	9.87	13.44	141.34	42.11	203.97	55.50	173.37	3.13	4.13
QS-EHP04	3.82	18.65	76.28	42.06	111.81	63.24	95.04	2.26	3.39
QS-EHP05	11.59	10.01	149.43	30.00	211.35	55.89	179.65	3.00	5.58

2.3.3 耗能能力与性能退化

2.3.3.1 累积滞回耗能

图 2-18 分别展示了具有不同腹板高度系数和柱肢纵向间距的混合墩试件的累积滞回耗能与加载位移的关系。

由图 2-18(a) 可知,随着腹板高度系数从 0.0 增加到 0.7,相同位移下混合墩试件的累积滞回耗能均有显著增加,但试件极限位移呈递减趋势。相比格构墩试件 ELP02,反复荷载作用下混合墩试件的塑性铰上移至混凝土腹板顶部位置,在塑性铰截面受弯承载力相同的前提下,试件的水平承载力相应提高,使得滞回曲线所围成的面积增大,即桥墩耗散地震能量的能力增强。

由图 2-18(b) 可知,在相同的腹板高度系数下,随着混合墩试件的柱肢纵向间距从 250mm 提高到 500mm,同级位移下试件的累积滞回耗能增幅较大,主要是由于柱肢纵向间距为 250mm 的试件 EHP04 长细比较大,在水平反复荷载和竖向恒定轴力共同作用下呈现整体失稳破坏特征,试件承载力较小,进而使得滞回曲线所包围的面积较小。而当柱肢纵向间距从 500mm 增加到 650mm,试件 EHP03 和 EHP05 的前期累积滞回耗能曲线基本重合,这是因为具有较大柱肢纵向间距的试件的复合段截面的受弯承载力远大于格构段截面的受弯承载力,试件的耗能能力取决于格构段的耗能能力,而两个混合墩试件的格构段柱肢和缀管相同,因此两者的耗能能力不相上下。

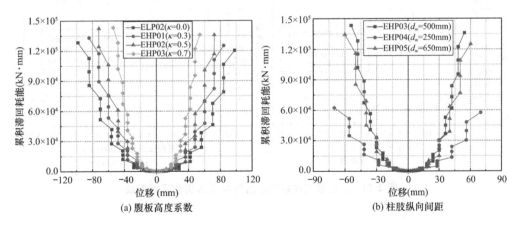

(a) 腹板高度系数　　　　　　　　(b) 柱肢纵向间距

图 2-18　格构墩试件累积滞回耗能-位移曲线图

2.3.3.2 性能退化曲线

具有不同腹板高度系数和柱肢纵向间距的混合墩试件的刚度退化曲线和强度退化曲线如图 2-19 和图 2-20 所示。

由图 2-19(a) 和图 2-20(a) 可知,随着累积滞回耗能的增加,腹板高度系数不同的混合墩试件的强度退化和刚度退化趋势基本一致,其中腹板高度系数为 0.7 的试件 EHP03 的刚度退化相较平缓,其原因可能是:腹板高度系数越大的混合墩试件,混凝土腹板为结构提供了更大的抗推刚度和水平承载力,而腹板高度系数越小的试件,复合段越短而格构段越长,在大位移反复加载后期,格构段缀管根部焊缝严重撕裂,因此格构段越长的试件整体工作性能下降越快,性能退化也越严重。

由图 2-19(b) 和图 2-20(b) 可看出,在保持腹板高度系数均为 0.7 的前提下,柱肢纵向间距为 500mm 的试件 EHP03 的抗震性能退化趋势最为平缓,而柱肢纵向间距为 250mm 的试件 EHP04 因其在大位移反复加载作用下整体失稳破坏,刚度退化和强度退化现象最为严重,说明混合墩的柱肢纵向间距既不能太小,也不宜盲目增大。

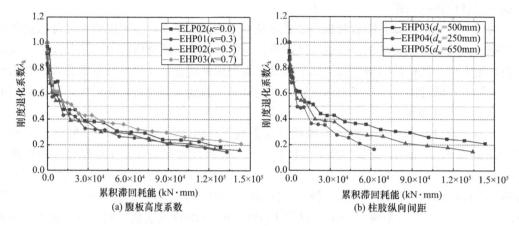

图 2-19 混合墩试件累积滞回耗能-刚度退化系数曲线

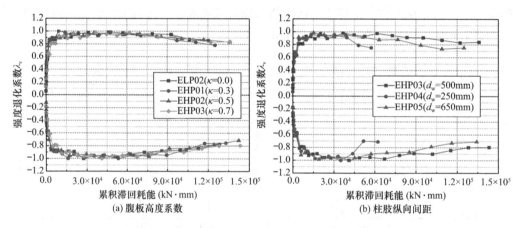

图 2-20 混合墩试件累积滞回耗能-强度退化系数曲线

2.4 拟静力试验结果小结

(1) 格构墩试件的破坏形态基本相同,均表现为柱肢底部钢管屈曲、柱肢与缀管组成的节段发生较大剪切变形的弯剪型破坏;混合墩试件的破坏形式主要表现为腹板混凝土交叉斜裂缝、腹板处钢板鼓曲、柱肢钢管鼓曲和缀管根部焊缝开裂等现象,格构段呈现出明显的剪切型破坏。

(2) 大部分格构墩和混合墩试件的滞回曲线均表现饱满无捏缩,有较好的耗能能力,骨架曲线的下降段坡度较小,结构强度退化平缓,极限位移延性系数在 3.39~5.58 之间,表明钢管混凝土格构式桥墩在水平地震作用下具有良好的抗震性能。

(3) 钢管强度的增加会显著增强钢管混凝土柱肢的套箍效应,进而使得格构墩的承载力得到明显提高，滞回曲线更加饱满；而管内混凝土强度的增加对滞回曲线形状的影响较小，仅略微提高了结构的承载力。

(4) 随着柱肢钢管纵向位移的减小，或者缀管竖向间距的增加，格构墩柱肢之间的横向联系减小，结构的整体性变差，导致试件滞回曲线的饱满程度均有所降低，滞回环所包围的面积明显减小；达到最大荷载后，结构承载力衰减，极限变形和循环加载次数减小。在墩顶柱肢间距保持相同的前提下，随着柱肢坡度的增加，墩底柱肢间距变大，使得结构刚度和承载力有所增加，变形能力降低，但对滞回曲线饱满程度的影响不明显。

(5) 轴压比的变化对试件屈服前的滞回曲线形状几乎没有影响，但影响试件柱肢钢管发生屈服的快慢，以及进入弹塑性阶段后的抗震性能。随着轴压比的增大，在格构墩试件墩顶发生较大水平变形时，上部轴力的二阶效应愈发明显，导致格构墩试件的峰值荷载、峰值位移和极限位移明显减小。

(6) 构造参数的不同会影响混合墩试件塑性铰出现的位置，进而影响结构抗震性能。当腹板高度系数 κ 从 0.0 变化到 0.3 直至 0.7 时，混合墩试件的塑性铰区域由格构墩试件的柱肢底部上移至混凝土腹板顶部，混合墩试件的弹性刚度和峰值荷载均随之增大，但变形能力变差。

(7) 对于腹板高度系数较大的混合墩试件，当柱肢纵向间距从 650mm 和 500mm 减小至 250mm 时，结构长细比变大，塑性铰从腹板顶部位置下移至柱肢底部，当墩顶水平位移较大时，桥墩顶部施加的恒定轴力二阶效应明显，使得试件呈现整体失稳破坏模式；而柱肢纵向间距为 500mm 与 650mm 的混合墩试件的抗震性能相似，说明在设计中要注意考虑柱肢纵向间距的合理取值。

第3章 钢管混凝土格构式桥墩的有限元建模方法

本章根据钢管混凝土格构式桥墩在实际工程中的构造特点，分别采用 ABAQUS 与 OpenSEES 有限元软件建立实体有限元模型和杆系单元模型，在与第 2 章缩尺模型在水平反复荷载作用下的试验结果进行对比验证后，讨论两种建模方法的优劣，最终提出适用于钢管混凝土格构式桥墩抗震分析的有限元建模方法和建模原则。

3.1 钢管混凝土格构式桥墩的精细化实体有限元建模方法

3.1.1 单元类型与网格划分

本节使用大型通用有限元软件 ABAQUS 建立钢管混凝土格构式桥墩的精细化实体有限元模型。因为钢管管壁较薄，钢管均为 S4R 壳单元；混凝土为 C3D8R 实体单元；钢筋为桁架单元。根据实际结构受力特点，为简化模型计算，桥墩顶部的柱帽采用刚体建模。为提高计算效率，利用结构的对称性选取一半的构件建立有限元模型。钢管混凝土格构式桥墩的网格划分如图 3-1 所示。

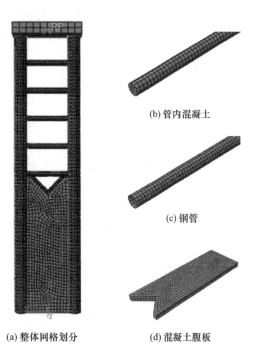

图 3-1 钢管混凝土格构式桥墩精细化实体有限元模型

3.1.2 部件接触与边界条件

柱帽采用离散刚体进行设置，通过参考点发生刚体位移。加载端刚体与柱肢、柱肢与缀管、缀管与斜腹管的相互作用关系均采用绑定模拟，以确保各部件在整个加载过程中不会发生相对位移的情况；面与面接触被用于模拟钢管与管内混凝土、腹板混凝土的相互作用关系，法向关系为"硬接触"，截面允许出现接触后分离的现象，两者切向关系中的界面摩擦系数取值为 0.6；钢筋内置于腹板，用以增强腹板的抗拉能力。墩底全约束，柱肢顶部不作约束，加载端刚体的参考点竖向施加恒定轴力，水平位移控制模拟加载形式。

3.1.3 非线性材料本构关系

3.1.3.1 钢材

钢材的单轴应力-应变关系曲线如图 3-2(a) 所示,钢材达到屈服强度时,bc 段采用水平塑性段,将 cd 强化段简化为直线关系。其中,f_p、f_y 和 f_u 分别为钢材的比例极限、屈服强度和抗拉强度极限;$\varepsilon_e = 0.8 f_y / E_s$,$\varepsilon_{e1} = 1.5\varepsilon_e$,$\varepsilon_{e2} = 10\varepsilon_{e1}$,$\varepsilon_{e3} = 100\varepsilon_{e1}$;弹性模量 $E_s = 2.06 \times 10^5$ MPa,泊松比 $\mu = 0.3$。因 ABAQUS 对材料塑性性能定义的要求,将钢材的本构模型进一步简化,oa 弹性段线性延伸到屈服点 f_y,如图 3-2(b) 所示。

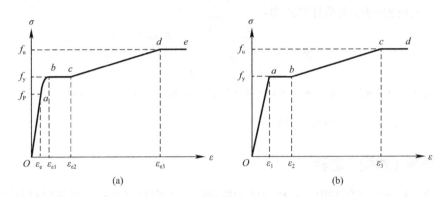

图 3-2 钢材的单轴应力-应变关系曲线

3.1.3.2 无约束混凝土

对于无约束的普通混凝土,采用《混凝土结构设计规范》GB 50010—2010[39]中建议的单轴受压应力-应变关系进行模拟,如图 3-3(a) 所示。$(0.3 \sim 0.4) f_c$ 的范围内,应力-应变曲线基本保持线性的状态;当应力约为 $(0.75 \sim 0.9) f_c$ 时,混凝土的裂缝开始扩展;当混凝土的应力超过峰值 f_c 之后,混凝土开始发生破坏,本构关系曲线逐渐下降直至极限应变 ε_u。

另一方面,采用混凝土断裂能 G_f-开裂位移 u_t 的关系模型用以描述混凝土的受拉本构关系,如图 3-3(b) 所示。对于断裂能 G_f 及混凝土的开裂应力 σ_p,这两个参数的取值均按照文献 [40] 中提供的公式计算:

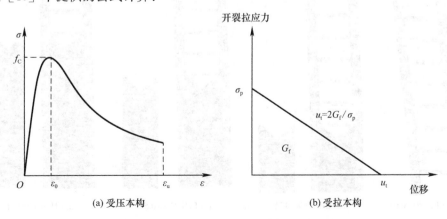

图 3-3 无约束混凝土的单轴应力 - 应变关系曲线

$$G_{\mathrm{f}} = a(f_{\mathrm{c}}/10) \times 10^{-3} \tag{3-1}$$

$$\sigma_{\mathrm{p}} = 0.26 \times (1.25 f_{\mathrm{c}})^{2/3} \tag{3-2}$$

$$a = 1.25 d_{\max} + 10 \tag{3-3}$$

式中：f_{c}——混凝土圆柱体抗压强度；

　　　$d_{\max}$——混凝土粗骨料粒径。

3.1.3.3　管内约束混凝土

钢管混凝土在受压时，由于外部钢管的作用，混凝土抗压强度显著增强。为准确模拟管内混凝土的受力状态，本节采用福州大学刘威[41]提出的约束混凝土模型对管内混凝土进行模拟，其应力-应变关系计算式为：

$$y = \begin{cases} 2x - x^2 & x \leqslant 1 \\ \dfrac{x}{\beta_0(x-1)^2 + x} & x > 1 \end{cases} \tag{3-4}$$

式中：$x = \varepsilon/\varepsilon_0$，$y = \sigma/\sigma_0$；$\varepsilon_0 = \varepsilon_{\mathrm{c}} + 800 \times \theta^{0.2} \times 10^{-6}$，$\sigma_0 = f_{\mathrm{c}}$；$\varepsilon_{\mathrm{c}} = (1300 + 12.5 f_{\mathrm{c}}) \times 10^{-6}$；$\theta = \dfrac{A_{\mathrm{s}} f_{\mathrm{s}}}{A_{\mathrm{c}} f_{\mathrm{c}}}$；$\beta_0 = 0.5 f_{\mathrm{c}} \times (2.36 \times 10^{-5})^{[0.25 + (\theta - 0.5)^7]}$。

3.1.4　有限元建模方法验证

为了验证精细化实体有限元建模方法的准确性，本章对第2章水平低周反复荷载试验所采用的钢管混凝土格构式桥墩试件进行建模分析，并将分析结果与试验结果进行对比验证。试件的具体构造信息已在第2章2.1.1节中详细说明，本节不再赘述。由于试件数量众多，限于篇幅，本章仅列出具有代表性的格构墩试件ELP02，混合墩试件EHP01、EHP02和EHP03的分析结果。

3.1.4.1　破坏形态

图3-4为格构墩试件ELP02，混合墩试件EHP01、EHP02和EHP03的有限元模型在水平低周反复荷载作用下达到峰值荷载时的钢材应力云图与混凝土损伤云图。

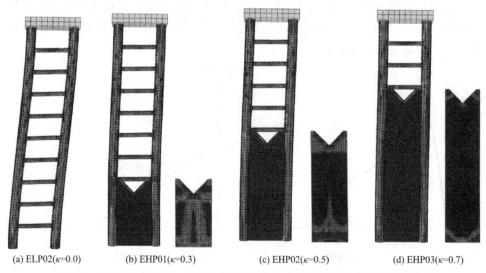

(a) ELP02(κ=0.0)　　(b) EHP01(κ=0.3)　　(c) EHP02(κ=0.5)　　(d) EHP03(κ=0.7)

图3-4　钢管混凝土格构式桥墩试件精细化实体单元有限元模型破坏形态图

由第 2 章可知，在水平低周反复荷载作用下，格构墩试件表现为柱肢底部钢管屈曲、柱肢与缀管组成的节段发生较大剪切变形的弯剪型破坏。当腹板高度系数 κ 从 0.0 变化到 0.3 直至 0.7 时，混合墩试件的塑性铰区域由格构墩试件的柱肢底部上移至混凝土腹板顶部，混合墩试件的破坏形式主要表现为腹板混凝土交叉斜裂缝、腹板处钢板鼓曲、柱肢钢管鼓曲和缀管根部焊缝开裂等现象，且格构段呈现出明显的剪切型破坏。

与之相应，图 3-4(a) 中格构墩试件 ELP02 的精细化有限元模型中柱肢钢管的顶部与底部、缀管根部均产生明显的应力集中现象，与试验现象相符；图 3-4(b)～(d) 中各混合墩试件的精细化有限元模型中腹板顶部位置柱肢钢管、柱肢顶部钢管、缀管根部均产生明显的应力集中现象；试件 EHP01（$\kappa=0.3$）腹板顶部混凝土损伤严重，试件 EHP02（$\kappa=0.5$）的腹板顶部、底部位置的混凝土损伤严重，试件 EHP03（$\kappa=0.7$）刚度过渡段区域腹板、腹板底部位置的混凝土损伤严重。由此可见，本书提出的精细化实体有限元建模方法可比较准确地模拟实际格构式桥墩在反复荷载作用下的破坏形态。

3.1.4.2 滞回曲线与骨架曲线

图 3-5 为采用精细化实体有限元建模方法得到的钢管混凝土格构式桥墩试件的水平荷载-水平位移滞回曲线和骨架曲线，并与第 2 章试验结果进行对比。

由图 3-5 可以看出，采用前述精细化实体有限元建模方法得到的钢管混凝土格构式桥墩的滞回曲线和骨架曲线与试验结果基本吻合，可以比较准确地反映实际试件的滞回曲线形状，得到比较准确的桥墩刚度、强度与变形数值。

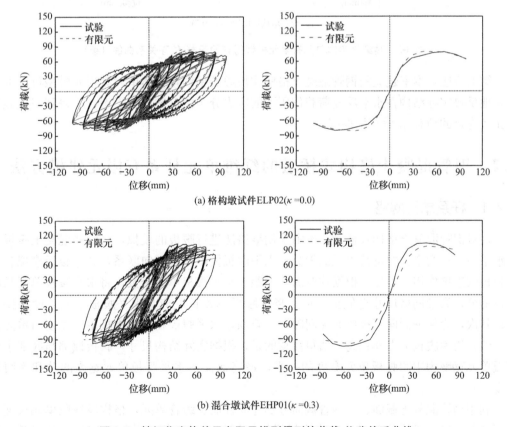

图 3-5 精细化实体单元有限元模型得到的荷载-位移关系曲线

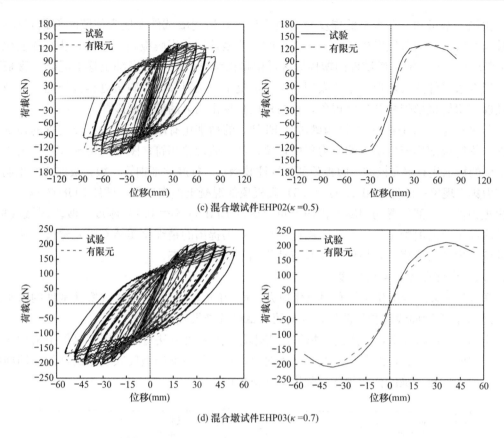

图 3-5 精细化实体单元有限元模型得到的荷载-位移关系曲线（续）

综上所述，本书建立的钢管混凝土格构式桥墩的精细化实体单元有限元模型可以准确直观地反映实际结构在水平反复荷载作用下的应力分布情况和破坏形态，并得到与试验结果比较吻合的荷载-位移滞回曲线。

3.2 钢管混凝土格构式桥墩的纤维单元杆系有限元建模方法

3.2.1 杆系单元网格

针对钢管混凝土格构式桥墩，本书采用梁格法进行腹板的模拟，将钢筋混凝土腹板按照水平与竖直两个方向进行单元的划分，水平腹板模拟柱肢横向联系，竖直腹板模拟各水平腹板的连接作用。首先，根据柱肢纵向间距、水平腹板单元个数，将水平腹板单元长度进行等分，为使网格尺寸近似正方形，竖直腹板单元长度应与水平腹板单元长度保持一致；其次，为保证同向腹板单元无间隙、无叠加，水平腹板和竖直腹板单元宽度与单元长度一致，均为腹板节点间距离。值得注意的是，根据实际结构尺寸，腹板顶部与底部水平腹板单元宽度为中间腹板单元宽度的一半，最终保证各水平腹板单元宽度的总和为腹板高度。

利用钢管混凝土截面、空钢管截面分别建立柱肢、缀管单元，格构段柱肢单元长度为缀管间距，复合段柱肢单元长度为腹板梁格法网络尺寸，缀管单元长度为柱肢间距，如

图 3-6(a) 所示。利用空钢管截面建立斜腹管纤维截面,通过缀管与腹板上的节点建立斜腹管单元,用以模拟传递上部格构段至下部复合段的力,两根柱肢顶部采用刚臂的连接方式模拟实际加载装置的作用,如图 3-6(b) 所示。柱肢底部与腹板底部采用固结的方式模拟实际的边界条件,柱肢顶部节点采用约束竖向位移与旋转用以模拟旋转固定、平动自由的边界条件,模型的受力与边界条件如图 3-6(c) 所示。

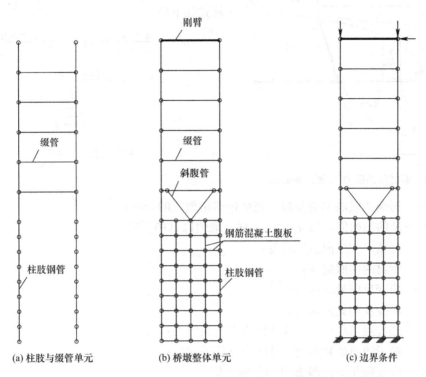

图 3-6 钢管混凝土格构式桥墩杆系有限元模型简图

3.2.2 纤维截面划分

本书采用通用有限元软件 OpenSEES 中的纤维截面模拟钢管混凝土、空钢管以及钢筋混凝土腹板三种截面。其中:钢管沿圆周划分 36 份,沿径向划分 2 份,管内混凝土沿圆周划分 36 份,沿径向划分 20 份,腹板沿宽度划分 32 份,沿厚度划分 16 份。钢管混凝土柱肢、空钢管缀管(斜腹管)、混凝土腹板的纤维截面划分情况如图 3-7 所示。

图 3-7 梁柱单元截面纤维划分示意图

3.2.3 纤维材料本构

3.2.3.1 钢材

钢材本构关系选取 Giuffre-Menegotto-Pinto 双线性模型[42]，滞回应力-应变关系曲线如图 3-8 所示。图中钢材本构关系的关键点计算式如下所示：

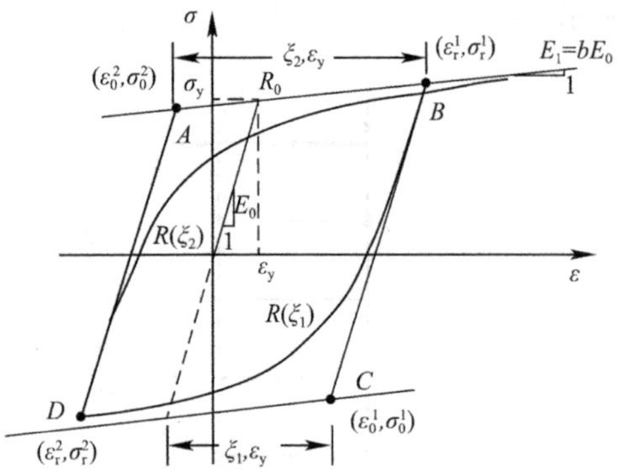

$$\sigma^* = \frac{\sigma - \sigma_r}{\sigma_0 - \sigma_r} = b\varepsilon^* + \frac{(1-b)\varepsilon^*}{(1+\varepsilon^{*R})^{1/R}} \quad (3-5)$$

$$\xi = \left|\frac{\varepsilon_m - \varepsilon_0}{\varepsilon_y}\right| \quad (3-6)$$

$$\varepsilon^* = \frac{\varepsilon - \varepsilon_r}{\varepsilon_0 - \varepsilon_r} \quad (3-7)$$

$$R = R_0 - \frac{a_1 \xi}{a_2 + \xi} \quad (3-8)$$

图 3-8 钢材滞回应力-应变关系曲线

式中：R——影响曲线曲率的参数，表征包辛格效应的影响；

R_0——R 的初始值，和 a_1、a_2 一样，取值以试验而定；

ε_m——峰值应变反向点的应变；

ε_y——钢材的屈服应变；

σ_r——应变反向处的应力；

ε_r——应变反向处的应变；

σ_0——渐近线 AB 和渐近线 AD 交点处的应力；

ε_0——渐近线 AB 和渐近线 AD 交点处的应变；

b——应变强化率，即 E_1 与 E_0 的比值。

在 OpenSEES 有限元软件中采用 Steel02 材料定义柱肢钢管、空缀管的钢材本构关系，具体如下：

uniaxialMaterial Steel02 \$matTag \$Fy \$E \$b \$R0 \$cR1 \$cR2 <\$a1 \$a2 \$a3 \$a4 \$sigInit>

其中：　　\$matTag——材料编号；

\$Fy——屈服强度，取值为 385MPa；

\$E——初始弹性模量，取值为 206000MPa；

\$b——应变强化率，取值为 0.01；

\$R0、\$cR1、\$cR2——控制从弹性段到塑性段过渡的参数，取值依次为 18.0、0.925、0.15；

\$a1、\$a2、\$a3、\$a4——等向硬化控制参数，取值依次为 -1.25、2、-1.25、2。

3.2.3.2 无约束混凝土

纤维单元杆系有限元模型中，采用 Kent-Scott-Park 本构模型[43]模拟腹板无约束混凝土应力-应变关系曲线，如图 3-9 所示。

在 OpenSEES 有限元软件中采用 Concrete01 材料定义腹板混凝土，该本构计算速度快、易收敛，具体命令如下：

uniaxialMaterial Concrete01 $matTag $fpc $epsc0 $fpcu $epsU

其中：$matTag——编号；

$fpc——混凝土抗压强度；

$epsc0——混凝土峰值强度的应变；

$fpcu——混凝土残余强度；

$epsU——混凝土残余强度的应变。

3.2.3.3 管内约束混凝土

纤维单元杆系有限元模型中采用 Susantha[44] 提出的约束型混凝土本构模型来模拟管内混凝土，如图 3-10 所示，其达到应力峰值前采用 Mander 模型曲线[45]，达到应力峰值后直线下降，达到残余强度后应力恒定。

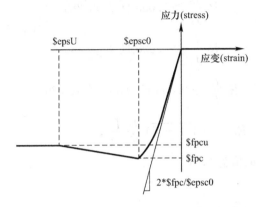 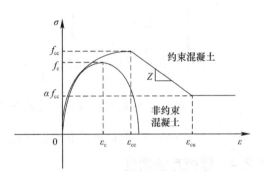

图 3-9　Kent-Scott-Park 应力-应变关系曲线　　图 3-10　管内混凝土应力-应变关系曲线

混凝土达到应力峰值前的抛物线计算式：

$$f'_{cc} = f_{cc} \frac{(\varepsilon/\varepsilon_{cc})r}{r-1+(\varepsilon/\varepsilon_{cc})^r} \tag{3-9}$$

混凝土峰值应力：

$$f_{cc} = f_c + 4.0 f_{rp} \tag{3-10}$$

$$f_{rp} = \beta \frac{2t}{D-2t} f_y \tag{3-11}$$

混凝土峰值应力对应的应变：

$$\varepsilon_{cc} = \varepsilon_c \left[1 + 5.0 \times \left(\frac{f_{cc}}{f_c} - 1 \right) \right] \tag{3-12}$$

式中及图中：f_{cc}——约束混凝土的峰值应力；

ε_{cc}——约束混凝土峰值应力的应变；

f_c——非约束混凝土的峰值应力；

ε_c——非约束混凝土峰值应力的应变；

ε_{cu}——约束混凝土的极限应变；

f_{rp}——约束混凝土所受侧压力应力峰值；

D——钢管的外径；

t——钢管的壁厚；

f_y——钢管的屈服强度;

β——核心混凝土与钢管的泊松比随加载变化的经验系数，$\beta = \nu_e - \nu_s$。在混凝土侧压应力峰值状态，ν_s 可取 0.5，ν_e 按下式计算：

$$\nu_e = 0.2312 + 0.3582\nu'_e - 0.1524\left(\frac{f_c}{f_y}\right) + 4.843\nu'_e\left(\frac{f_c}{f_y}\right) - 9.169\left(\frac{f_c}{f_y}\right)^2 \quad (3\text{-}13)$$

$$\nu'_e = 0.881 \times 10^{-6}\left(\frac{D}{t}\right)^3 - 2.58 \times 10^{-4}\left(\frac{D}{t}\right)^2 + 1.953 \times 10^{-2}\left(\frac{D}{t}\right) + 0.4011 \quad (3\text{-}14)$$

Z——下降段斜率，按照下式计算：

$$Z = \begin{cases} 0 & R_t\frac{f_c}{f_y} < 0.006 \\ 1.0 \times 10^{-6}R_t\frac{f_c}{f_y} - 600 & R_t\frac{f_c}{f_y} \geq 0.006 \text{ 且 } f_y \leq 283 \\ 1.0 \times 10^{-6}R_t\frac{f_c}{f_y} - 6000 & R_t\frac{f_c}{f_y} \geq 0.006 \text{ 且 } f_y \geq 336 \\ \left(\frac{f_y}{283}\right)^{13.4}\left(1.0 \times 10^{-5}R_t\frac{f_c}{f_y} - 600\right) & R_t\frac{f_c}{f_y} \geq 0.006 \text{ 且 } 283 < f_y < 336 \end{cases} \quad (3\text{-}15)$$

R_t——与钢管径厚比有关的参数，$R_t = \sqrt{3(1-\nu^2)}\frac{f_y}{E_s}\frac{D}{2t}$；

ν——钢管的弹性状态泊松比，取值为 0.28。

3.2.4 建模方法验证

图 3-11 为采用纤维杆系单元有限元模型计算得到的水平荷载-水平位移滞回曲线和骨架曲线，并与第 2 章试验结果进行对比。

由图 3-11 可知，纤维单元杆系有限元模型计算结果与第 2 章钢管混凝土格构式桥墩试件的试验结果总体吻合良好，曲线的形状、斜率及峰值点基本一致。图中有限元分析得到的滞回曲线与实际钢管混凝土格构式桥墩试件的试验结果存在一定差异，这可能是因为：纤维单元杆系有限元模型模拟过程中忽略了混凝土浇筑质量、初始裂缝、柱肢与缀管的焊接关系及试验过程中钢管与混凝土之间的滑移等影响因素；试验装置中液压千斤顶的滑动支座会产生一定的摩擦阻力，对试件承载力也有一定影响。

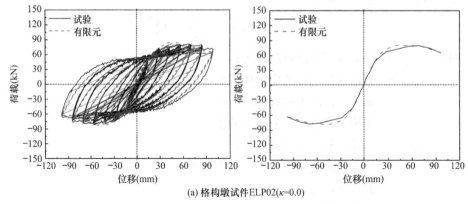

(a) 格构墩试件ELP02($\kappa=0.0$)

图 3-11 纤维单元杆系有限元模型得到的荷载-位移关系曲线

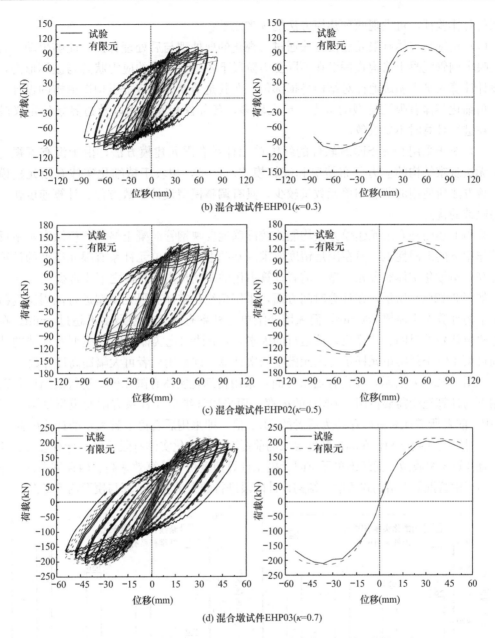

图 3-11 纤维单元杆系有限元模型得到的荷载-位移关系曲线（续）

综上所述，本书建立的纤维杆系单元有限元模型可较准确地模拟水平反复荷载作用下钢管混凝土格构式桥墩的刚度强度退化、加卸载过程和捏拢现象等滞回特性。

3.3 可用于钢管混凝土格构式桥墩抗震分析的有限元建模方法

3.3.1 有限元建模方法计算成本的比较

本章 3.1 节和 3.2 节分别采用精细化实体有限元和纤维单元杆系有限元方法建立了钢管混凝土格构式桥墩试件的计算模型，通过与第 2 章实际试件在水平反复荷载作用下试验

结果的对比验证,可发现两种建模方法的优劣之处:

(1) 精细化实体有限元建模方法通过可视化的前处理与后处理界面,能够生动、直观地反映出钢管混凝土格构式桥墩在不同受力阶段下各组成部件的应力状态与破坏形态,可使设计计算人员更明确地针对结构易损部位,尤其是节点处进行抗震构造措施的设计。然而,精细化实体有限元模型的节点、单元较多,各部件相互作用以及边界条件定义较复杂,在进行计算时不易收敛。

(2) 对于采用 OpenSEES 软件的纤维单元杆系有限元建模方法,由于没有可视化界面,无法观察结构的应力分布情况和破坏模式;但是,相较于精细化实体有限元建模方法,该方法所使用的节点和单元数量较少,具有调整模型设计参数方便、计算速度快、模型易收敛的优点。

采用上述两种有限元建模方法均能比较准确地反映钢管混凝土格构式桥墩在水平反复荷载作用下的滞回性能,但在满足精度要求的基础上,纤维单元杆系有限元模型的计算效率远高于精细化实体有限元模型,前者计算占用的时间与内存相比之下非常少。

如图 3-12(a) 所示,在计算时间方面,采用精细化实体有限元模型进行低周反复荷载作用下的计算至少需要 580min,而采用纤维单元杆系有限元模型最多不超过 3min。在不考虑建模耗费的时间、计算机多核运行的因素,1 个精细化实体有限元模型所耗费的计算时间可供 480 个纤维单元杆系有限元模型依次计算,即采用后者可大幅提高计算数量。

如图 3-12(b) 所示,在内存需求方面,采用精细化实体有限元模型进行低周反复荷载作用下的计算至少需要占用 250MB 的内存,而采用纤维单元杆系有限元模型最多不超过 80MB,前者所需计算机内存约为后者的 11.5 倍,即采用后者可节省大量的计算内存。

通过以上比较可知,在满足精度要求的前提下,精细化实体有限元模型计算量大、耗时较长且计算不易收敛,而纤维单元有限元模型计算速度快、计算效率高、内存需求低,非常适合用于钢管混凝土格构式桥墩在结构设计阶段进行的大量参数计算与模型调整工作。

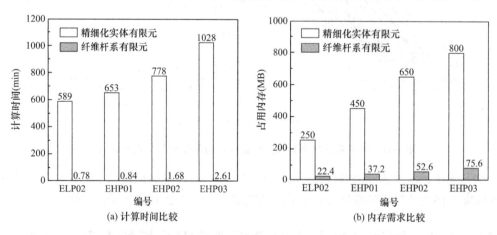

图 3-12 不同有限元建模方法计算成本的比较

3.3.2 用于抗震分析的有限元建模原则

由于纤维单元杆系有限元建模方法兼具计算精度和计算效率等优点,本书后续研究将选用该方法进行 E1 多遇地震和 E2 罕遇地震作用下结构抗震承载能力和非线性地震响应的计算与分析。针对钢管混凝土格构式桥墩的抗震分析，使用纤维单元杆系有限元建模的原则规定如下：

（1）墩柱部件采用空间杆系单元模拟，上部结构质量可用墩顶施加集中质量表示，如果是高墩，墩身单元质量应用分布质量表示。

（2）桥墩底部（柱肢与腹板）固结，墩顶为自由端；柱肢与缀管共节点，墩顶柱肢之间刚性连接。

（3）混凝土腹板宽度与柱肢管径相近，腹板竖向和横向可用 1 倍管径的单元长度，复合段柱肢可用 1 倍腹板宽度的单元长度，格构段柱肢可用 1 倍缀管间距的单元长度，缀管和斜腹管可用一个单元模拟。柱肢和缀管的截面纤维大小沿圆周每 10°划分 1 份，共划分 36 份，钢管沿径向划分 2 份，混凝土的截面纤维大小可根据柱肢截面进行设置。

（4）钢管和钢筋钢材使用 Giuffre-Menegotto-Pinto 双线性模型；管内混凝土使用改进的 Susanth 约束混凝土本构模型；普通混凝土使用 Kent-Scott-Park 本构模型。

第4章

钢管混凝土格构式桥墩的荷载-位移能力曲线

为了能够全面了解钢管混凝土格构式桥墩的抗震性能，本章使用第3章建议的纤维单元杆系有限元建模方法，以腹板高度系数、长细比、构件截面尺寸、轴压比等为主要参数，对钢管混凝土格构式桥墩在单向水平荷载和低周反复荷载作用下的抗震性能进行静力弹塑性分析，获得桥墩基底剪力-墩顶位移能力曲线。

4.1 计算荷载-位移能力曲线的桥墩参数设置

4.1.1 关键构造参数的选取

根据统计，实际工程中钢管混凝土格构式桥墩的墩高范围为 23.391~106.941m，横桥向柱肢间距范围为 13.123~16.498m，纵桥向柱肢底部间距范围为 2.106~6.970m。桥墩选用 Q345 钢管，柱肢钢管规格为 $\phi 720mm \times 14mm$ 和 $\phi 813mm \times 16mm$，水平腹管钢管规格为 $\phi 406mm \times 10mm$，柱肢内填 C50 混凝土，由 C30 混凝土、HRB335 钢筋组成的钢筋混凝土腹板厚度为 400mm，腹板高度系数范围为 0.195~0.286。

第2章已开展了为数不多的钢管混凝土格构式桥墩缩尺模型的拟静力试验研究，由第2章的初步研究成果可知：①桥墩长细比对结构刚度、强度和变形的影响十分显著，对于钢管混凝土格构式桥墩，其等效长细比主要由墩高、柱肢纵向间距、缀管竖向间距决定；②上部格构段的柱肢采用缀管连接，结构水平承载力取决于柱肢和缀管的塑性抗弯能力，同时影响结构抗推刚度大小的剪切刚度系数，与柱肢尺寸、柱肢纵向间距、缀管直径和缀管间距均密切相关；③钢筋混凝土腹板作为下部复合段柱肢间的连接件，可提高结构抗推刚度，且腹板高度系数对该类结构的性能有较大的影响；④处于压弯受力状态的桥墩，结构轴压比对其抗震性能影响显著。

为进一步探究各关键构造参数对钢管混凝土格构式桥墩抗震性能的影响，本节采用第3章建议的杆系有限元建模方法，以腹板高度系数 κ（0.0、0.3、0.5、0.7）、桥墩高度 l_h、柱肢纵向间距 d_w、缀管竖向间距 d_v、柱肢钢管直径 D、柱肢钢管壁厚 t、缀管钢管直径 d 和轴压比 n 为拓展参数，开展全面的拓展参数分析，参数如表 4-1 所示。其中，桥墩钢管与缀管均采用 Q345 钢材，管内混凝土采用 C50 混凝土、腹板混凝土采用 C30 混凝土。腹板高度系数不同的桥墩，除了腹板高度不同之外，其余构造参数均保持不变。

钢管混凝土格构式桥墩模型关键构造参数的基本信息　　　表 4-1

编号	l_h(mm)	d_w(mm)	d_v(mm)	D(mm)	d(mm)	t(mm)	n
PIER01	**40000**	4000	2000	816	400	16	0.15
PIER02	**16000**	4000	2000	816	400	16	0.15
PIER03	**20000**	4000	2000	816	400	16	0.15
PIER04	**24000**	4000	2000	816	400	16	0.15
PIER05	**32000**	4000	2000	816	400	16	0.15
PIER06	**56000**	4000	2000	816	400	16	0.15
PIER07	40000	**2000**	2000	816	400	16	0.15
PIER08	40000	**6000**	2000	816	400	16	0.15
PIER09	40000	**8000**	2000	816	400	16	0.15
PIER10	40000	4000	**1500**	816	400	16	0.15
PIER11	40000	4000	**2500**	816	400	16	0.15
PIER12	40000	4000	**3000**	816	400	16	0.15
PIER13	40000	4000	2000	**720**	400	16	0.15
PIER14	40000	4000	2000	**912**	400	16	0.15
PIER15	40000	4000	2000	**1008**	400	16	0.15
PIER16	40000	4000	2000	816	**360**	16	0.15
PIER17	40000	4000	2000	816	**440**	16	0.15
PIER18	40000	4000	2000	816	**480**	16	0.15
PIER19	40000	4000	2000	816	400	**12**	0.15
PIER20	40000	4000	2000	816	400	**20**	0.15
PIER21	40000	4000	2000	816	400	**24**	0.15
PIER22	40000	4000	2000	816	400	20	**0.10**
PIER23	40000	4000	2000	816	400	20	**0.20**
PIER24	40000	4000	2000	816	400	20	**0.25**
PIER25	40000	4000	2000	816	400	20	**0.30**

4.1.2 桥墩荷载-位移能力曲线的计算方法

4.1.2.1 单向推覆（Pushover）方法

Pushover 作为静力弹塑性分析方法，通过对结构施加单向水平荷载来模拟水平地震作用。该方法能够在较短时间内对结构在地震作用下内力和变形进行评估，检验结构是否满足预期目标性能。相比于动力分析法复杂、耗时、耗力的缺点，Pushover 分析方法建模简单、计算效率高，同时没有地震动随机性的影响，其作为简化的抗震设计方法，在一定程度上依然能够反映结构抵抗水平侧向荷载的能力，可以预测结构从弹性阶段到屈服阶段、进入峰值阶段再到最后的破坏阶段的全过程。

本章将采用钢管混凝土格构式桥墩的纤维单元杆系有限元模型进行 Pushover 分析。如图 4-1 所示，模型柱肢和腹板底部固结，柱肢顶部不作约束，在结构顶部施加竖向荷载用以模拟主梁传递的恒载，并选用位移控制的形式在结构柱肢顶部施加单向水平荷载作用。

4.1.2.2 低周反复荷载方法

实际结构在地震作用下承受反复荷载，而 Pushover 分析方法采用单向水平荷载对结构进行推覆分析，未能考虑结构在反复荷载作用下损伤的累积、强度和刚度的劣化等。因此，本章对钢管混凝土格构式桥墩在低周反复荷载作用下的滞回性能进行分析，以更准确地反映结构在地震反复荷载作用下的抗震性能。该方法作为静力分析方法，同样具有建模简单、计算效率高、无地震动随机性影响的优点，并且在 Pushover 分析方法的基础上考虑了累积损伤和强度刚度劣化特性对结构抗震性能的影响。同样采用 OpenSEES 软件进行低周反复荷载作用下的结构分析，如图 4-2 所示，模型边界条件与 Pushover 分析一致，只是在水平侧向荷载位移加载制度有所不同，达到屈服前，每级位移循环 1 次；达到屈服后，以屈服位移的倍数作为控制位移进行加载，每级位移循环 3 次。

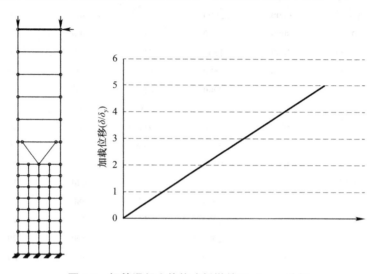

图 4-1 钢管混凝土格构式桥墩的 Pushover 分析

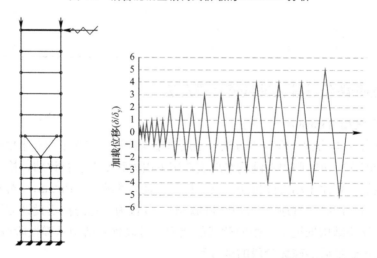

图 4-2 钢管混凝土格构式桥墩低周反复荷载作用下的结构分析

4.2 桥墩荷载-位移能力曲线的拓展参数分析

本节根据 4.1.1 节建议的关键构造参数及取值范围建立钢管混凝土格构式桥墩的纤维

单元杆系有限元模型,并采用4.1.2节介绍的Pushover和低周反复荷载分析方法,全面分析各关键构造参数的变化对钢管混凝土格构式桥墩基底剪力-墩顶位移能力曲线的影响。

4.2.1 结构长细比

4.2.1.1 桥墩高度

(1) Pushover 分析

在保持腹板高度系数0.0、0.3、0.5和0.7不变的前提下,以桥墩高度为变化参数,分别建立高度l_h为16m、20m、24m、32m、40m、56m的桥墩模型,Pushover分析得到的基底剪力-墩顶位移能力曲线及特征值变化趋势如图4-3和图4-4所示,结构能力曲线的特征值列于表4-2。

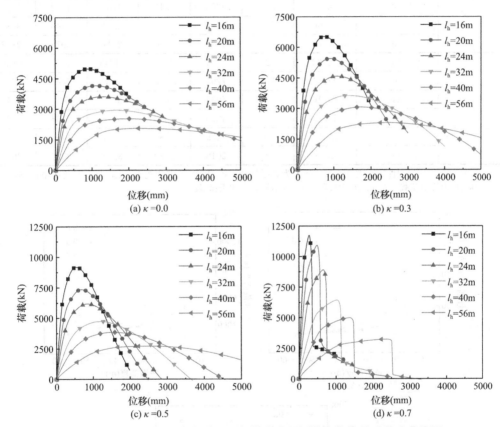

图 4-3　Pushover 分析得到的不同桥墩高度下桥墩的荷载-位移能力曲线图

Pushover 分析得到的不同桥墩高度下结构能力曲线特征值　　表 4-2

腹板高度系数	桥墩高度(m)	K_a(kN/mm)	δ_y(mm)	V_y(kN)	δ_{max}(mm)	V_{max}(kN)	δ_u(mm)	V_u(kN)
0.0	16	15.09	240	3623	896	4974	1648	4236
	20	10.17	300	3051	1090	4153	2040	3539
	24	7.64	348	2659	1272	3616	2400	3081
	32	4.73	480	2272	1632	2943	3008	2505
	40	3.24	620	2007	1980	2525	3560	2149
	56	1.62	1008	1630	2184	2055	4452	1749

续表

腹板高度系数	桥墩高度(m)	K_a(kN/mm)	δ_y(mm)	V_y(kN)	δ_{max}(mm)	V_{max}(kN)	δ_u(mm)	V_u(kN)
0.3	16	21.51	216	4646	720	6525	1296	5549
	20	14.88	260	3868	900	5449	1550	4634
	24	10.41	312	3249	1080	4578	1872	3901
	32	6.26	416	2606	1360	3634	2464	3101
	40	4.12	540	2227	1700	3061	3000	2606
	56	1.99	840	1668	2464	2297	4060	1961
0.5	16	36.79	176	6476	552	9177	944	7825
	20	23.41	220	5149	690	7353	1170	6276
	24	15.75	276	4346	852	6181	1416	5264
	32	8.51	384	3268	1216	4730	1952	4023
	40	5.24	500	2621	1540	3841	2540	3284
	56	2.35	784	1845	2520	2717	3976	2312
0.7	16	70.62	120	8474	280	11745	336	10392
	20	42.74	170	7265	500	10912	560	9744
	24	26.16	228	5965	672	8916	744	7814
	32	12.58	336	4226	1040	6442	1136	5576
	40	7.29	440	3209	1380	4981	1480	4549
	56	2.88	700	2016	2380	3223	2520	3080

注：K_a(kN/mm) 为弹性阶段刚度，δ_y(mm) 为屈服位移，V_y(kN) 为屈服荷载，δ_{max}(mm) 为峰值位移，V_{max}(kN) 为峰值荷载，δ_u(mm) 为极限位移，V_u(kN) 为极限荷载。

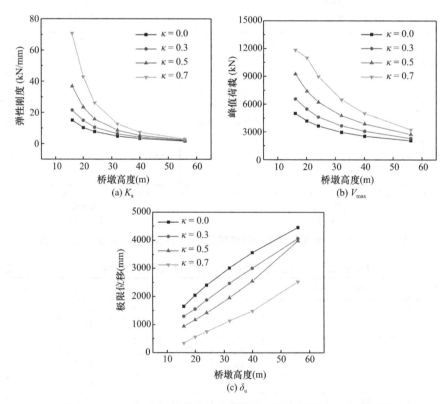

图 4-4 Pushover 分析得到的能力曲线特征值随桥墩高度变化趋势

由图 4-3 和图 4-4 以及表 4-2 可知，在保持其他构造参数不变的前提下，随着桥墩高度的增加，腹板高度系数不同的钢管混凝土格构式桥墩的能力曲线及其特征值具有相同的变化趋势。以腹板高度系数为 0.3 的桥墩为例，当桥墩高度由 16m 增大至 56m，结构弹性刚度由 21.51kN/mm 减小至 1.99kN/mm，减小了约 91%；屈服荷载由 4646kN 减小至 1668kN，减小了约 64%；峰值荷载由 6525kN 减小至 2297kN，减小了约 65%；虽然峰值位移和极限位移基本呈线性增加，但峰值位移与墩高的比值基本保持不变，而极限位移与墩高的比值由 8.1% 减小至 7.3%。另一方面，对于高度相同的钢管混凝土格构式桥墩，随着腹板高度系数的增加，结构弹性刚度和峰值荷载呈非线性增加，且桥墩高度越低，增加幅度越大。

(2) 低周反复荷载分析

本小节进行桥墩高度不同的钢管混凝土格构式桥墩在低周反复荷载作用下的抗震性能分析。由于模型数量较多，限于篇幅，本书仅绘制腹板高度系数为 0.3 和 0.7 的桥墩在高度为 16m、24m 和 40m 时的滞回曲线，如图 4-5 所示。低周反复荷载作用下各桥墩骨架曲线和特征值变化趋势如图 4-6 和图 4-7 所示，结构能力曲线的特征值列于表 4-3。

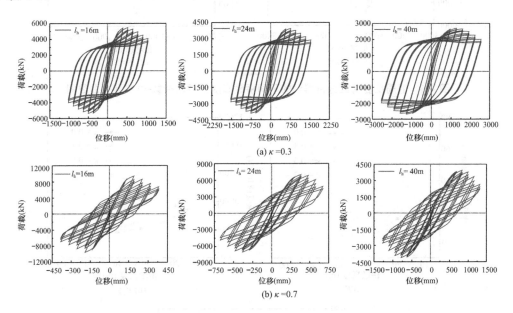

图 4-5 低周反复荷载作用下不同高度桥墩的荷载-位移滞回曲线

由图 4-6 和图 4-7 以及表 4-3 可知，在保持其他构造参数不变的前提下，随着桥墩高度的增加，腹板高度系数不同的钢管混凝土格构式桥墩在低周反复荷载作用下的能力曲线与 Pushover 分析得到的结果具有相同的变化趋势。以腹板高度系数为 0.3 的桥墩为例，当桥墩高度由 16m 增大至 56m，结构弹性刚度由 22.17kN/mm 减小至 1.94kN/mm，减小了约 91%；屈服荷载由 4214kN 减小至 1619kN，峰值荷载由 5438kN 减小至 2065kN，均减小了约 62%；墩顶峰值位移虽然由 512mm 增大至 1792mm，但峰值位移与墩高比值保持在 3.2% 附近；极限位移由 856mm 增大至 3226mm，极限位移与墩高比值呈先减小后增大的趋势，均大于 5%。

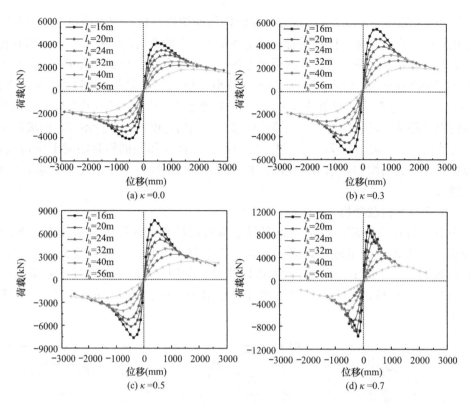

图 4-6 低周反复荷载分析得到的不同桥墩高度下桥墩荷载-位移能力曲线图

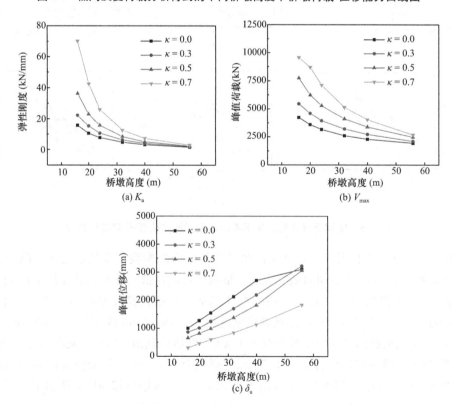

图 4-7 低周反复荷载分析得到的能力曲线特征值随桥墩高度变化趋势

低周反复荷载分析得到的不同桥墩高度下结构能力曲线特征值　　　表 4-3

腹板高度系数	桥墩高度(m)	K_a(kN/mm)	δ_y(mm)	V_y(kN)	δ_{max}(mm)	V_{max}(kN)	δ_u(mm)	V_u(kN)
0.0	16	15.63	207	3241	512	4198	996	3569
	20	10.51	261	2742	640	3559	1272	3025
	24	7.73	314	2427	768	3122	1548	2654
	32	4.80	428	2051	1024	2568	2126	2182
	40	3.23	566	1828	1280	2251	2708	1913
	56	1.59	957	1520	1792	1900	3109	1615
0.3	16	22.17	190	4214	512	5438	856	4622
	20	15.21	232	3520	640	4579	1005	3892
	24	10.60	282	2988	768	3912	1244	3325
	32	6.25	390	2439	1024	3168	1701	2693
	40	4.06	515	2087	1280	2683	2192	2281
	56	1.94	834	1619	1792	2065	3226	1756
0.5	16	36.15	166	5993	384	7742	650	6581
	20	22.90	211	4821	480	6227	810	5293
	24	15.57	261	4057	576	5265	977	4475
	32	8.38	374	3130	768	4078	1378	3466
	40	5.07	504	2559	1280	3347	1825	2845
	56	2.27	816	1851	1792	2432	3063	2067
0.7	16	69.81	110	7671	192	9577	294	8141
	20	42.30	161	6826	320	8710	444	7404
	24	25.88	209	5402	384	7110	588	6044
	32	12.51	301	3770	640	5114	830	4347
	40	7.27	399	2897	800	4003	1130	3403
	56	2.91	630	1834	1344	2640	1833	2244

注：本表及后续类似表格中参数含义与表 4-2 相同。

综上所述，在保持截面尺寸不变的前提下，桥墩高度直接决定了钢管混凝土格构式桥墩的长细比，对结构弹性刚度、水平承载能力和延性变形能力的影响十分显著。另外，比较桥墩在 Puhsover 分析方法与低周反复荷载两种加载模式下的结果，能力曲线特征值变化趋势基本一致，桥墩的弹性刚度、屈服强度、屈服位移没有太大的区别，但相较水平单向推覆作用，在低周反复荷载作用下，高度不同桥墩的峰值荷载和极限荷载平均减小约 15%，峰值位移和极限位移分别减小约 33% 和 29%。

4.2.1.2　柱肢纵向间距

（1）Pushover 分析

在保持墩高 40m、腹板高度系数为 0.0、0.3、0.5 和 0.7 不变的前提下，以柱肢纵向间距 d_w 为变化参数，分别建立柱肢纵向间距为 2000mm、4000mm、6000mm 和 8000mm 的钢管混凝土格构式桥墩模型，并进行 Pushover 分析，得到图 4-8 和图 4-9 所示的基底剪力-墩顶位移曲线及特征值变化趋势图，结构能力曲线的特征值列于表 4-4。

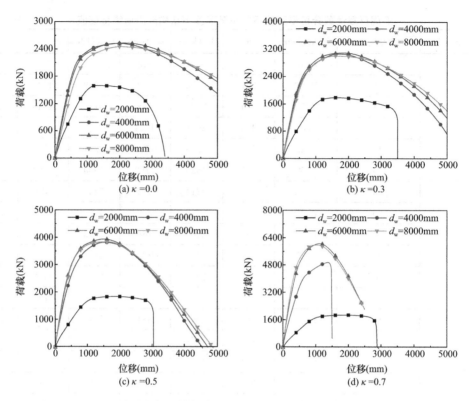

图 4-8 Pushover 分析得到的柱肢纵向间距不同桥墩的荷载-位移能力曲线图

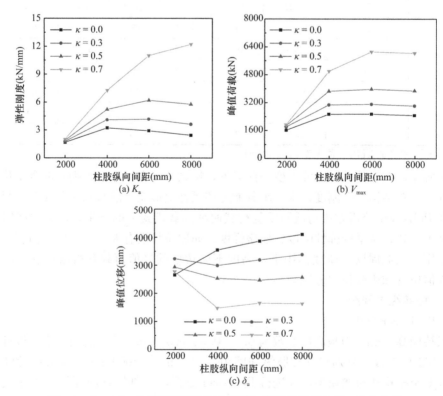

图 4-9 Pushover 分析得到的能力曲线特征值随柱肢纵向间距变化趋势

第4章 钢管混凝土格构式桥墩的荷载-位移能力曲线

Pushover 分析得到的不同柱肢纵向间距下结构能力曲线特征值　　表 4-4

腹板高度系数	柱肢纵向间距(mm)	K_a(kN/mm)	δ_y(mm)	V_y(kN)	δ_{max}(mm)	V_{max}(kN)	δ_u(mm)	V_u(kN)
0.0	2000	1.69	700	1181	1440	1597	2660	1367
	4000	3.24	620	2007	1980	2525	3560	2149
	6000	2.93	700	2053	2160	2533	3880	2159
	8000	2.45	820	2010	2060	2453	4120	2087
0.3	2000	1.79	720	1287	1640	1787	3240	1521
	4000	4.12	540	2227	1700	3061	3000	2606
	6000	4.19	560	2347	1800	3094	3200	2641
	8000	3.63	660	2397	1620	3001	3400	2557
0.5	2000	1.90	680	1289	1820	1858	2940	1604
	4000	5.24	500	2621	1540	3841	2540	3284
	6000	6.22	460	2862	1500	3958	2480	3374
	8000	5.80	520	3015	1600	3861	2580	3293
0.7	2000	2.01	640	1287	1880	1907	2780	1630
	4000	7.29	440	3209	1380	4981	1480	4549
	6000	11.01	380	4186	1120	6092	1660	5228
	8000	12.24	360	4405	1020	6013	1640	5113

对于钢管混凝土格构式桥墩，腹板高度系数不同，由于格构段和复合段发挥作用的程度不同，结构能力曲线上各特征值的变化趋势不尽相同。对于腹板高度系数 $\kappa \leqslant 0.5$ 的桥墩，桥墩上部格构段在结构抗侧力体系中发挥重要作用，当柱肢纵向间距由 2000mm 增大至 8000mm，桥墩柱肢的整体工作性能表现出先增大后降低的相似趋势，图 4-9(a) 中腹板高度系数 $\kappa \leqslant 0.3$ 和 $\kappa = 0.5$ 的桥墩分别在柱肢纵向间距为 4000mm 和 6000mm 时取得最大弹性刚度，图 4-9(b) 中腹板高度系数 $\kappa \leqslant 0.5$ 的桥墩均在柱肢纵向间距为 4000mm 时达到峰值荷载的极值。对于腹板高度系数 $\kappa = 0.7$ 的桥墩，桥墩下部的复合段起到决定性作用，其弹性刚度随着柱肢纵向间距的增加而增大，但增加幅度逐渐降低；结构水平峰值荷载呈现出先增大后减小的趋势，在柱肢纵向间距为 6000mm 时达到最大。

此外，考察柱肢纵向间距对钢管混凝土格构式桥墩延性变形能力的影响，由图 4-9(c) 可知，腹板高度系数不同的桥墩呈现出形态迥异的变化趋势。其中，腹板高度系数 $\kappa = 0.0$ 的桥墩墩顶极限位移随着柱肢纵向间距的增大而增大，但在柱肢纵向间距超过 4000mm 后增加幅度降低；其他腹板高度系数的桥墩的墩顶极限位移随着柱肢纵向间距的增加均表现出先减小后增大的现象，但腹板高度系数不同，极限位移最大值出现的位置不同。

综上所述，腹板高度系数不同的桥墩具有各自合理的柱肢纵向间距范围，以综合满足抗推刚度、水平承载能力和延性变形能力等工作性能要求。

(2) 低周反复荷载分析

本小节进行墩高 40m、柱肢纵向间距不同的钢管混凝土格构式桥墩在低周反复荷载作用下的抗震性能分析，限于篇幅，本书仅绘制桥墩腹板高度系数为 0.3 和 0.7 时的荷载-位移滞回曲线，如图 4-10 所示。分析得到低周反复荷载作用下各桥墩骨架曲线和特征值变化趋势如图 4-11 和图 4-12 所示，结构能力曲线的特征值列于表 4-5。

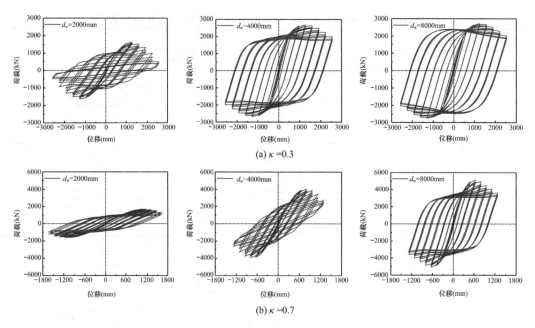

图 4-10 低周反复荷载作用下柱肢纵向间距不同桥墩的荷载-位移滞回曲线

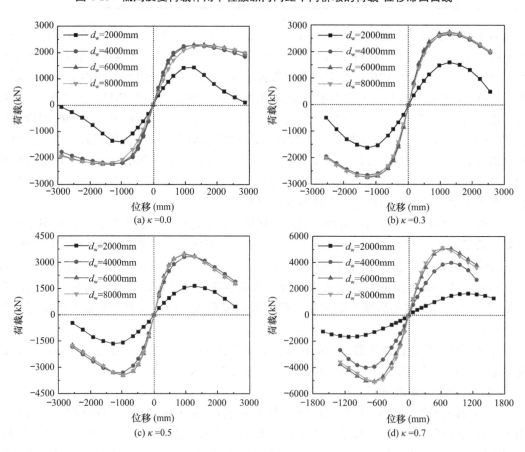

图 4-11 低周反复荷载作用下柱肢纵向间距不同桥墩的荷载-位移能力曲线图

低周反复荷载分析得到的不同柱肢纵向间距下结构能力曲线特征值　　　　表 4-5

腹板高度系数	柱肢纵向间距(mm)	K_a(kN/mm)	δ_y(mm)	V_y(kN)	δ_{max}(mm)	V_{max}(kN)	δ_u(mm)	V_u(kN)
0.0	2000	1.70	642	1090	1160	1410	1519	1196
	4000	3.23	566	1828	1280	2251	2708	1913
	6000	2.96	637	1883	1600	2271	2913	1931
	8000	2.40	763	1828	1600	2236	3034	1901
0.3	2000	1.75	700	1222	1280	1617	2133	1375
	4000	4.06	515	2087	1280	2683	2192	2281
	6000	4.14	525	2175	1280	2769	2160	2354
	8000	3.62	608	2204	1280	2740	2206	2329
0.5	2000	1.85	678	1255	1280	1658	1899	1409
	4000	5.07	504	2559	1280	3347	1825	2845
	6000	6.07	447	2714	960	3502	1639	2976
	8000	5.83	478	2788	960	3474	1638	2953
0.7	2000	2.03	572	1160	1120	1657	1540	1409
	4000	7.27	399	2897	800	4003	1130	3403
	6000	11.04	344	3800	640	5092	1099	4328
	8000	12.40	324	4015	640	5138	1010	4367

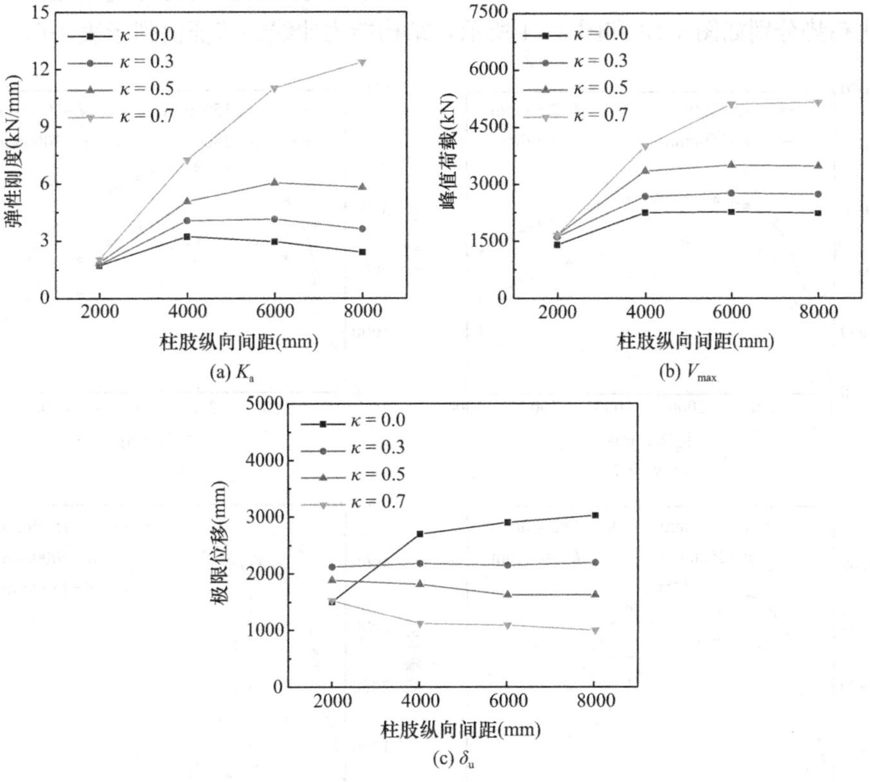

图 4-12　低周反复荷载作用下能力曲线特征值随柱肢纵向间距变化趋势

比较 Puhsover 方法与低周反复荷载方法的结果，在保持其他构造参数不变的前提下，随着柱肢纵向间距的增加，腹板高度系数不同的钢管混凝土格构式桥墩在低周反复荷载作用下的能力曲线与 Pushover 分析得到的结果具有相同的变化趋势，加载初期的弹性刚度、屈服强度、屈服位移没有太大的区别，但在低周反复荷载作用下桥墩的峰值荷载、极限荷载、峰值位移、极限位移更小，各参数模型峰值荷载、极限荷载平均减小约30%，峰值位移平均减小约12%，极限位移平均减小约33%。

综上所述，增大柱肢的纵向间距，会相应增大桥墩的长细比、格构段的缀管长度以及复合段的腹板宽度。对于腹板高度系数较低的桥墩，其格构段较长、刚度较低，塑性铰位于腹板顶部，结构的极限承载力主要取决于格构段柱肢和缀管抗弯能力，在达到一定数值后，柱肢纵向间距所改变的格构段长细比对柱肢自身抵抗弯矩能力的影响较小；对于腹板高度系数较高的桥墩，其格构段较短、刚度较大，塑性铰位于墩底，桥墩水平极限承载力主要取决于下部复合段钢管混凝土柱肢和钢筋混凝土腹板的受弯承载力，而腹板宽度可显著提高混凝土的截面惯性矩和抗弯能力，最终影响钢管混凝土格构式桥墩的弹性刚度、屈服荷载、峰值荷载以及峰值位移。

4.2.1.3 缀管竖向间距

（1）Pushover 分析

将腹板高度系数为 0.0、0.3、0.5 和 0.7 的 40m 钢管混凝土格构式桥墩作为基准，以缀管竖向间距 d_v 为参数，分别建立缀管竖向间距为 1500mm、2000mm、2500mm、3000mm 的桥墩有限元模型，采用 Pushover 方法分析得到的基底剪力-墩顶位移曲线及特征值变化趋势分别如图 4-13 和图 4-14 所示，结构能力曲线的特征值列于表 4-6。

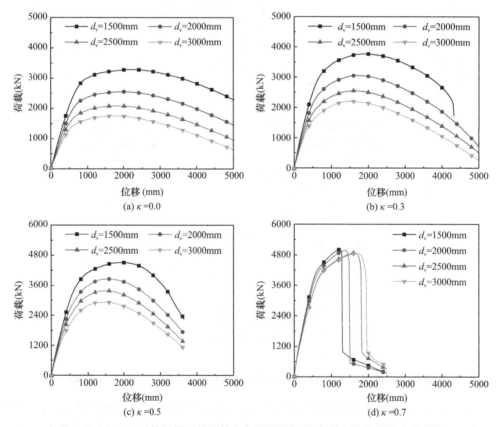

图 4-13 Pushover 分析得到的缀管竖向间距不同桥墩的荷载-位移能力曲线图

Pushover 分析得到的不同缀管竖向间距下结构能力曲线特征值　　表 4-6

腹板高度系数	缀管竖向间距(mm)	K_a(kN/mm)	δ_y(mm)	V_y(kN)	δ_{max}(mm)	V_{max}(kN)	δ_u(mm)	V_u(kN)
0.0	1500	3.80	680	2582	2240	3261	4040	2774
	2000	3.24	620	2007	1980	2525	3560	2149
	2500	2.80	580	1626	1800	2060	3240	1758
	3000	2.44	560	1365	1740	1730	3020	1475
0.3	1500	4.77	580	2766	1880	3774	3380	3216
	2000	4.12	540	2227	1700	3061	3000	2606
	2500	3.58	520	1862	1620	2559	2800	2184
	3000	3.12	520	1622	1520	2213	2660	1890
0.5	1500	5.90	520	3066	1920	4493	2900	3847
	2000	5.24	500	2621	1540	3841	2540	3284
	2500	4.75	480	2281	1520	3366	2420	2865
	3000	4.16	480	1995	1480	2913	2380	2493
0.7	1500	7.77	420	3263	1240	5024	1280	4907
	2000	7.29	440	3209	1380	4981	1480	4549
	2500	6.58	480	3160	1620	4882	1800	4223
	3000	6.53	480	3132	1680	4861	1920	4133

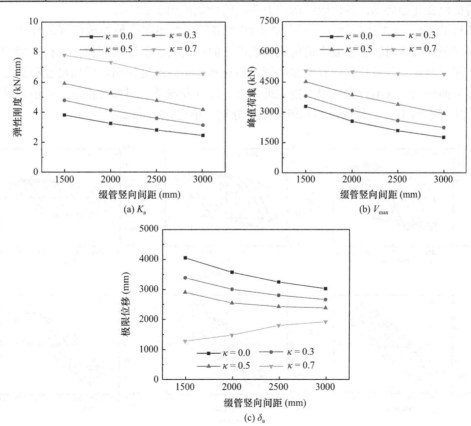

(a) K_a

(b) V_{max}

(c) δ_u

图 4-14　Pushover 分析得到的能力曲线特征值随缀管竖向间距变化趋势

由图 4-13 和图 4-14 以及表 4-6 可知，在保持其他构造参数不变的前提下，随着缀管竖向间距的增加，腹板高度系数 $\kappa<0.7$ 的钢管混凝土格构式桥墩的能力曲线及其特征值具有类似的变化趋势，而腹板高度系数 $\kappa=0.7$ 的桥墩表现出明显差异。因此，接下来以腹板高度系数为 0.3 和 0.7 的桥墩为例进行对比说明。

对于腹板高度系数 $\kappa=0.3$ 的钢管混凝土格构式桥墩，当缀管竖向间距由 1500mm 增大至 3000mm，结构弹性刚度由 4.77kN/mm 减小至 3.12kN/mm，减小了约 35%；屈服荷载和峰值荷载均减小了约 41%；峰值位移由 1880mm 减小至 1520mm，极限位移由 3380mm 减小至 2660mm，平均减小了约 20%。

对于腹板高度系数 $\kappa=0.7$ 的钢管混凝土格构式桥墩，当缀管竖向间距由 1500mm 增大至 3000mm，结构弹性刚度由 7.77kN/mm 减小至 6.53kN/mm，减小了约 16%；峰值荷载随着缀管竖向间距的增大而减小，但变化幅度不到 4%，影响不大。与腹板高度系数 $\kappa\leqslant0.5$ 的桥墩相比，腹板高度系数 $\kappa=0.7$ 的桥墩的极限位移随着缀管竖向间距的增大而增大，但增加幅度逐渐减缓。

（2）低周反复荷载分析

本小节进行墩高 40m、缀管竖向间距不同的钢管混凝土格构式桥墩在低周反复荷载作用下的抗震性能分析。限于篇幅，本书仅给出桥墩腹板高度系数为 0.3 和 0.7 的荷载-位移滞回曲线，如图 4-15 所示。图 4-16 和图 4-17 示意了低周反复荷载作用下各桥墩骨架曲线和特征值变化趋势图。各桥墩结构能力曲线的特征值列于表 4-7。

比较 Puhsover 方法与低周反复荷载方法的结果，可知在两种加载模式的作用下，缀管竖向间距的变化对钢管混凝土格构式桥墩能力曲线特征值的影响相似，结构初期的弹性刚度、屈服强度、屈服位移没有明显区别。相比水平单向推覆作用，低周反复荷载作用下桥墩能力曲线上的峰值点和极限点更靠近原点，统计发现该系列参数模型的峰值荷载、极限荷载均减小约 14%，峰值位移和极限位移分别减小约 33% 和 26%。

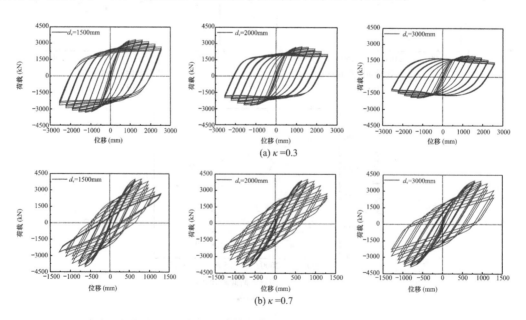

图 4-15 低周反复荷载作用下缀管竖向间距不同的桥墩荷载-位移滞回曲线

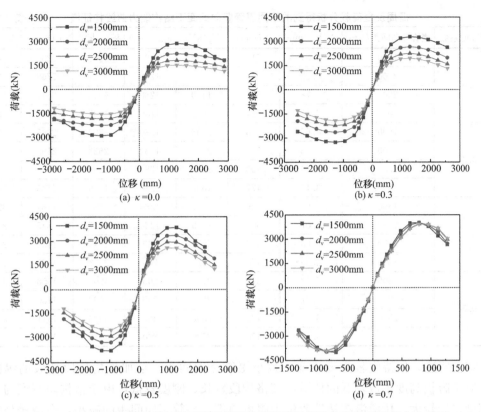

图 4-16 低周反复荷载分析得到的缀管竖向间距不同桥墩的荷载-位移能力曲线图

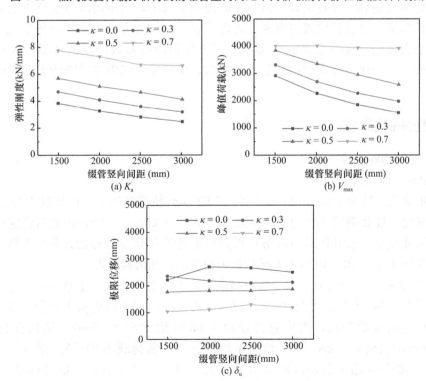

图 4-17 低周反复荷载分析得到的能力曲线特征值随缀管竖向间距变化趋势

低周反复荷载分析得到的不同缀管竖向间距下结构能力曲线特征值　　　　表 4-7

腹板高度系数	缀管竖向间距(mm)	K_a(kN/mm)	δ_y(mm)	V_y(kN)	δ_{max}(mm)	V_{max}(kN)	δ_u(mm)	V_u(kN)
0.0	1500	3.81	617	2352	1280	2902	2233	2467
	2000	3.23	566	1828	1280	2251	2708	1913
	2500	2.78	535	1490	1280	1833	2671	1558
	3000	2.43	514	1252	1280	1537	2507	1306
0.3	1500	4.67	556	2593	1280	3303	2365	2808
	2000	4.06	515	2087	1280	2683	2192	2281
	2500	3.56	490	1745	1280	2256	2110	1917
	3000	3.15	477	1503	1280	1959	2135	1665
0.5	1500	5.67	526	2987	1280	3835	1781	3260
	2000	5.07	504	2559	1280	3347	1825	2845
	2500	4.63	482	2233	960	2940	1824	2499
	3000	4.09	470	1922	960	2573	1880	2187
0.7	1500	7.72	379	2926	800	4000	1058	3400
	2000	7.27	399	2897	800	4003	1130	3403
	2500	6.66	422	2806	800	3928	1311	3339
	3000	6.60	423	2790	800	3910	1206	3324

综上所述，保持腹板高度不变，减小缀管竖向间距，会加强格构段柱肢的纵向联系。对于腹板高度系数较低的桥墩，其格构段较长、刚度较低，由于格构段刚度与复合段刚度差异较大，桥墩潜在塑性铰位于腹板顶部，缀管竖向间距的减小，会减缓格构段与复合段的刚度差异；随着缀管竖向间距的进一步减小，当格构段与复合段的刚度趋于相等时，桥墩潜在塑性铰位置向墩底复合段转移，结构受力形式发生明显变化，进而导致桥墩的能力曲线特征值受到较大影响；对于腹板高度系数较高的桥墩，其格构段较短、刚度较大，相比复合段对结构受力的影响，缀管竖向间距对桥墩能力曲线的影响程度较小。

4.2.2 构件截面尺寸

4.2.2.1 柱肢钢管直径

（1）Pushover 分析

在腹板高度系数为 0.0、0.3、0.5 和 0.7 的 40m 桥墩基础上，以柱肢钢管直径 D 为参数，分别建立柱肢钢管直径为 720mm、816mm、912mm、1008mm 的钢管混凝土格构式桥墩有限元模型，采用 Pushover 分析得到的基底剪力-墩顶位移能力曲线及特征值变化趋势分别如图 4-18 和图 4-19 所示，结构能力曲线的特征值列于表 4-8。

由图 4-18 和图 4-19 可知，对于腹板高度系数不同的钢管混凝土格构式桥墩，随着柱肢钢管直径的增加，桥墩基底剪力-墩顶位移能力曲线的变化趋势基本相同。以腹板高度系数 $\kappa=0.3$ 的桥墩为例，当柱肢直径由 720mm 增大至 1008mm，结构弹性刚度由 3.76kN/mm 增大至 4.80kN/mm，增大了约 28%；屈服荷载由 2107kN 增大至 2594kN，峰值荷载由 2831kN 增大至 3659kN，分别增大了约 23% 和 29%；峰值位移基本无变化，极限位移由 3060mm 略微减小至 2900mm。

第4章 钢管混凝土格构式桥墩的荷载-位移能力曲线

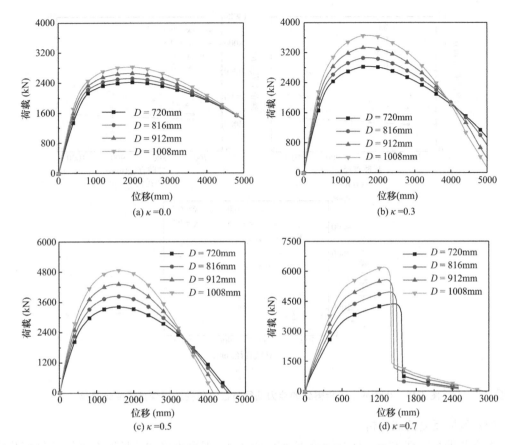

图 4-18 Pushover 分析得到的柱肢钢管直径不同桥墩的荷载-位移能力曲线图

Pushover 分析得到的不同柱肢钢管直径下结构能力曲线特征值　　　表 4-8

腹板高度系数	柱肢钢管直径(mm)	K_a(kN/mm)	δ_y(mm)	V_y(kN)	δ_{max}(mm)	V_{max}(kN)	δ_u(mm)	V_u(kN)
0.0	720	2.95	660	1950	2020	2423	3680	2060
	816	3.24	620	2007	1980	2525	3560	2149
	912	3.49	600	2091	1960	2661	3460	2264
	1008	3.75	580	2176	1940	2828	3380	2406
0.3	720	3.76	560	2107	1740	2831	3060	2413
	816	4.12	540	2227	1700	3061	3000	2606
	912	4.45	540	2402	1700	3337	2940	2850
	1008	4.80	540	2594	1720	3659	2900	3125
0.5	720	4.74	500	2368	1540	3421	2620	2910
	816	5.24	500	2621	1540	3841	2540	3284
	912	5.72	520	2973	1560	4327	2500	3698
	1008	6.33	520	3294	1580	4873	2480	4156
0.7	720	6.40	440	2817	1440	4391	1560	3926
	816	7.29	440	3209	1380	4981	1480	4549
	912	8.26	440	3635	1320	5592	1420	5150
	1008	9.30	440	4092	1280	6220	1380	5758

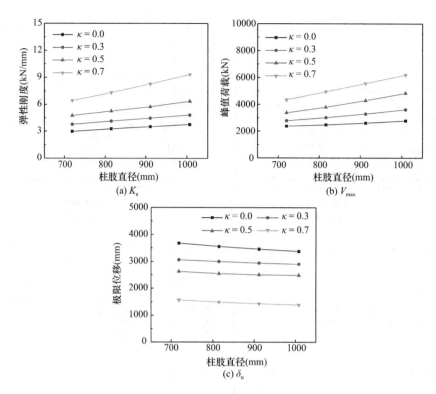

图 4-19 Pushover 分析得到的能力曲线特征值随柱肢钢管直径变化趋势

(2) 低周反复荷载分析

本小节进行墩高 40m、柱肢钢管直径不同的钢管混凝土格构式桥墩在低周反复荷载作用下的抗震性能分析。限于篇幅，本书仅给出桥墩腹板高度系数为 0.3 和 0.7 的荷载-位移滞回曲线，如图 4-20 所示。分析得到的能力曲线和特征值变化趋势如图 4-21 和图 4-22 所示，能力曲线的特征值列于表 4-9。

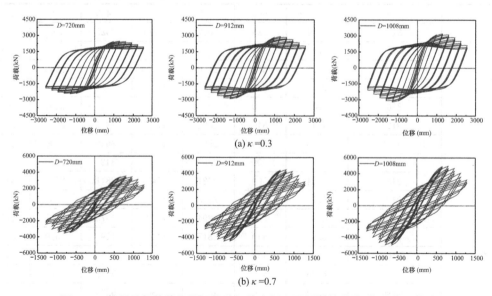

图 4-20 低周反复荷载作用下柱肢钢管直径不同桥墩的荷载-位移滞回曲线

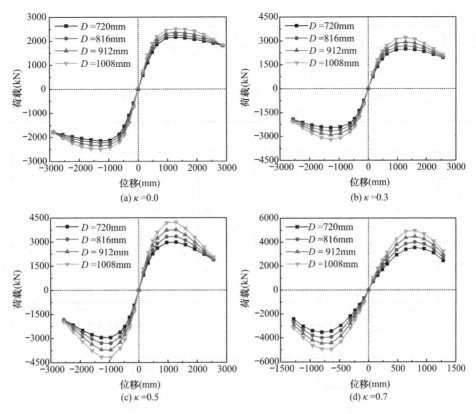

图 4-21 低周反复荷载分析得到的柱肢钢管直径不同桥墩的荷载-位移能力曲线图

比较 Puhsover 方法与低周反复荷载方法的结果，可知在两种加载模式的作用下，桥墩的能力曲线特征值变化趋势基本一致。以腹板高度系数为 0.3 的钢管混凝土格构式桥墩为例，当柱肢钢管直径由 720mm 增大至 1008mm，桥墩的弹性刚度由 3.71kN/mm 增大至 4.77kN/mm，增大了约 29%；屈服荷载由 1956kN 增大至 2429kN，峰值荷载由 2477kN 增大至 3217kN，分别增大了约 24% 和 30%。

低周反复荷载分析得到的不同柱肢钢管直径下结构能力曲线特征值　　表 4-9

腹板高度系数	柱肢钢管直径(mm)	K_a(kN/mm)	δ_y(mm)	V_y(kN)	δ_{max}(mm)	V_{max}(kN)	δ_u(mm)	V_u(kN)
0.0	720	2.95	601	1777	1280	2166	2825	1841
	816	3.23	566	1828	1280	2251	2708	1913
	912	3.49	546	1904	1280	2366	2741	2011
	1008	3.74	536	2000	1280	2511	2561	2134
0.3	720	3.71	528	1956	1280	2477	2322	2105
	816	4.06	515	2087	1280	2683	2192	2281
	912	4.40	510	2245	1280	2931	2162	2492
	1008	4.77	510	2429	1280	3217	2065	2734
0.5	720	4.56	507	2314	1280	2988	1928	2540
	816	5.07	504	2559	1280	3347	1825	2845
	912	5.62	506	2844	1280	3761	1769	3197
	1008	6.22	508	3165	1280	4227	1745	3593

续表

腹板高度系数	柱肢钢管直径(mm)	K_a(kN/mm)	δ_y(mm)	V_y(kN)	δ_{max}(mm)	V_{max}(kN)	δ_u(mm)	V_u(kN)
0.7	720	6.35	405	2569	800	3543	1170	3011
	816	7.27	399	2897	800	4003	1130	3403
	912	8.28	390	3233	800	4477	1104	3806
	1008	9.40	380	3571	800	4957	1088	4213

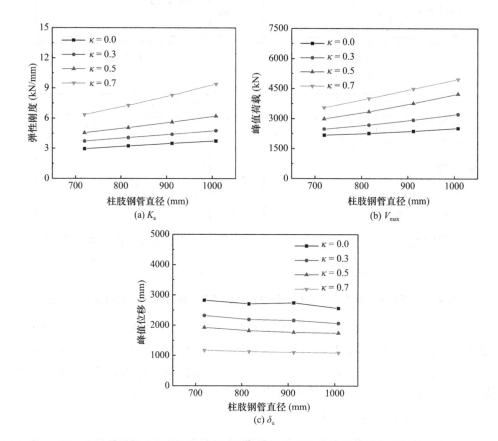

图 4-22 低周反复荷载分析得到的能力曲线特征值随柱肢钢管直径变化趋势

综上所述,增大柱肢钢管的直径,对柱肢截面的抗弯刚度$(EI)_{CFST}$、剪切刚度$(GA)_{CFST}$的影响较大,在一定程度上影响钢管混凝土格构式桥墩能力曲线的特征值。但是在本书分析所使用的参数范围内,柱肢钢管直径变化对钢管混凝土格构式桥墩的峰值位移与极限位移的影响较小。另外,比较 Puhsover 方法与低周反复荷载方法的结果,可以看出加载初期的弹性刚度、屈服强度、屈服位移没有太大的区别,但在低周反复荷载作用下,桥墩峰值荷载平均减小约14%,峰值位移和极限位移分别减小约30%和25%。

4.2.2.2 柱肢钢管壁厚

(1) Pushover 分析

在腹板高度系数不同的 40m 桥墩基础上,以柱肢钢管壁厚 t 为参数,Pushover 分析得到柱肢钢管壁厚为 12mm、16mm、20mm、24mm 的钢管混凝土格构式桥墩的能力曲线及特征值变化趋势分别如图 4-23 和图 4-24 所示,能力曲线特征值列于表 4-10。

第4章 钢管混凝土格构式桥墩的荷载-位移能力曲线

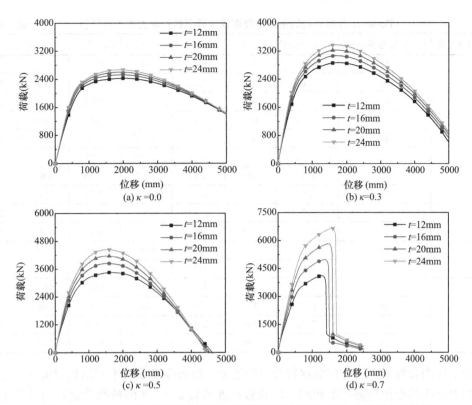

图 4-23 Pushover 分析得到的柱肢钢管壁厚不同桥墩的荷载-位移能力曲线图

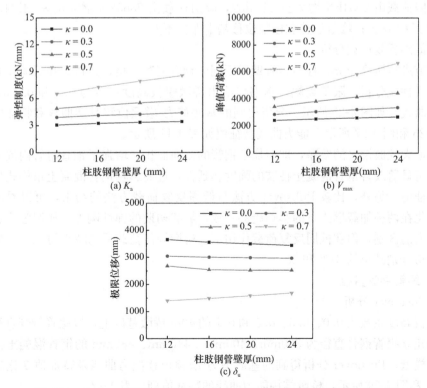

图 4-24 Pushover 分析得到的能力曲线特征值随柱肢钢管壁厚变化趋势

Pushover 分析得到的不同柱肢钢管壁厚下结构能力曲线特征值 表 4-10

腹板高度系数	柱肢钢管壁厚(mm)	K_a(kN/mm)	δ_y(mm)	V_y(kN)	δ_{max}(mm)	V_{max}(kN)	δ_u(mm)	V_u(kN)
0.0	12	3.07	620	1901	2040	2426	3660	2062
	16	3.24	620	2007	1980	2525	3560	2149
	20	3.35	620	2077	1940	2602	3500	2214
	24	3.43	620	2128	1900	2669	3440	2274
0.3	12	3.91	520	2034	1740	2865	3040	2440
	16	4.12	540	2227	1700	3061	3000	2606
	20	4.24	560	2377	1700	3226	2980	2750
	24	4.40	560	2464	1700	3374	2960	2879
0.5	12	4.90	460	2256	1660	3451	2680	2943
	16	5.24	500	2621	1540	3841	2540	3284
	20	5.54	520	2879	1540	4162	2520	3540
	24	5.77	540	3115	1560	4444	2520	3786
0.7	12	6.53	380	2481	1280	4107	1400	3692
	16	7.29	440	3209	1380	4981	1480	4549
	20	7.94	500	3968	1480	5828	1580	5330
	24	8.55	540	4617	1580	6652	1680	6230

由上述图表可知，随着柱肢钢管壁厚的增加，腹板高度系数不同的钢管混凝土格构式桥墩能力曲线的变化趋势基本相同。以腹板高度系数 $\kappa=0.3$ 的桥墩为例，当柱肢钢管壁厚由 12mm 增大至 24mm，桥墩弹性刚度由 3.91kN/mm 增大至 4.40kN/mm，增大了约 13%；屈服荷载由 2034kN 增大至 2464kN，峰值荷载由 2865kN 增大至 3374kN，分别增大了约 21% 和 18%；峰值位移和极限位移基本保持不变。

(2) 低周反复荷载分析

本小节进行墩高 40m、柱肢钢管壁厚不同的钢管混凝土格构式桥墩在低周反复荷载作用下的抗震性能分析。限于篇幅，本书仅给出桥墩腹板高度系数为 0.3 和 0.7 时的荷载-位移滞回曲线，如图 4-25 所示。分析得到的基底剪力-墩顶位移骨架曲线和特征值变化趋势如图 4-26 和图 4-27 所示，能力曲线特征值如表 4-11 所示。

由于增大柱肢钢管的壁厚，即增加了钢管的截面面积，增强了钢管对管内混凝土的约束作用，可显著改善钢管混凝土柱肢的强度和延性，进而影响钢管混凝土格构式桥墩能力曲线的特征值。另外，比较 Puhsover 方法与低周反复荷载方法的结果，可以看出柱肢钢管壁厚变化在两种加载模式下的影响趋势一致，加载初期的弹性刚度、屈服强度、屈服位移没有太大的区别，但在低周反复荷载作用下，桥墩峰值荷载平均减小约 20%，峰值位移和极限位移分别减小约 31% 和 25%。

4.2.2.3 缀管钢管直径

(1) Pushover 分析

在腹板高度系数为 0.0、0.3、0.5 和 0.7 的 40m 桥墩基础上，以缀管钢管直径 d 为参数，分别建立缀管钢管直径为 360mm、400mm、440mm、480mm 的钢管混凝土格构式桥墩有限元模型，Pushover 分析得到的基底剪力-墩顶位移能力曲线及特征值变化趋势分别如图 4-28 和图 4-29 所示，桥墩结构能力曲线的特征值列于表 4-12。

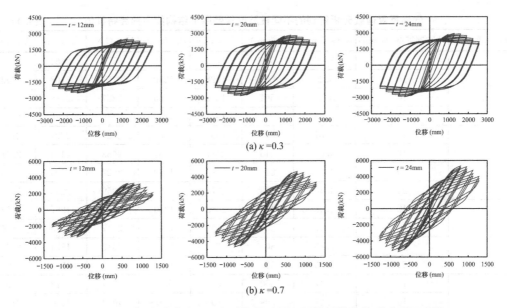

图 4-25 低周反复荷载作用下柱肢钢管壁厚不同的桥墩荷载-位移滞回曲线

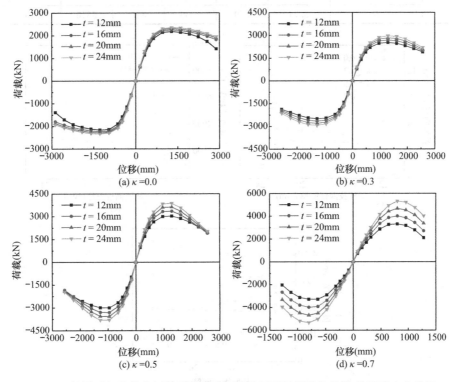

图 4-26 低周反复荷载分析得到的柱肢钢管壁厚不同桥墩的荷载-位移能力曲线图

由图 4-28 和图 4-29 可知,对于腹板高度系数不同的钢管混凝土格构式桥墩,缀管钢管直径的增加对桥墩基底剪力-墩顶位移能力曲线的影响有一定差异。对于腹板高度系数 $\kappa \leqslant 0.5$ 的桥墩,由于上部格构段对结构抗侧力体系贡献较大,当缀管钢管直径由 360mm 增大至 480mm,桥墩的弹性刚度、峰值荷载和极限位移呈近似线性增大。然而,对于腹板高度系数 $\kappa=0.7$ 的桥墩,其底部复合段决定了桥墩的抗侧力能力,因此格构段缀管钢

低周反复荷载分析得到的不同柱肢钢管壁厚下结构能力曲线特征值　　　表 4-11

腹板高度系数	柱肢钢管壁厚(mm)	K_a(kN/mm)	δ_y(mm)	V_y(kN)	δ_{max}(mm)	V_{max}(kN)	δ_u(mm)	V_u(kN)
0.0	12	3.06	569	1739	1280	2177	2862	1851
	16	3.23	566	1828	1280	2251	2708	1913
	20	3.35	561	1882	1280	2307	2789	1961
	24	3.46	556	1921	1280	2356	2826	2002
0.3	12	3.81	513	1954	1280	2520	2204	2142
	16	4.06	515	2087	1280	2683	2192	2281
	20	4.25	516	2190	1280	2827	2209	2403
	24	4.40	518	2277	1280	2959	2213	2515
0.5	12	4.66	496	2313	1280	3026	1997	2572
	16	5.07	504	2559	1280	3347	1825	2845
	20	5.43	509	2760	1280	3619	1794	3077
	24	5.73	513	2938	1280	3872	1782	3291
0.7	12	6.47	360	2326	800	3304	1112	2808
	16	7.27	399	2897	800	4003	1130	3403
	20	8.03	432	3466	800	4680	1163	3978
	24	8.74	459	4009	800	5316	1213	4518

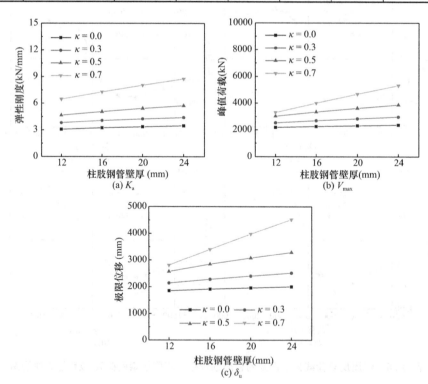

图 4-27　低周反复荷载分析得到的能力曲线特征值随柱肢钢管壁厚变化趋势

管直径的变化对该桥墩的能力曲线及其特征值影响较小。需要注意的是，当腹板高度系数 $\kappa=0.5$ 的桥墩采用 $d=480\text{mm}$ 的缀管时，其能力曲线与腹板高度系数 $\kappa=0.7$ 的桥墩十分相似，说明在增大格构段缀管钢管直径后，格构段的工作性能得到显著提高，避免了格构段先于复合段发生破坏,进而使得 $\kappa=0.5$ 桥墩的底部复合段发挥了更加明显的作用,表现出与腹板高度系数 $\kappa=0.7$ 桥墩相近的受力性能。

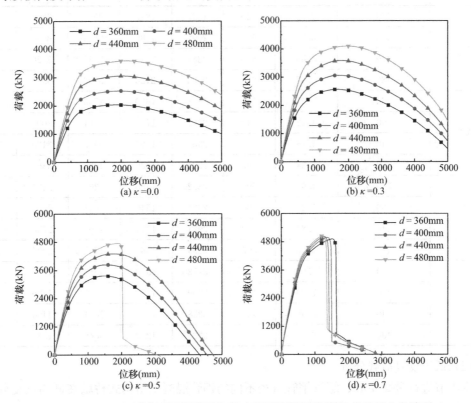

图 4-28 Pushover 分析得到的缀管钢管直径不同桥墩的荷载-位移能力曲线图

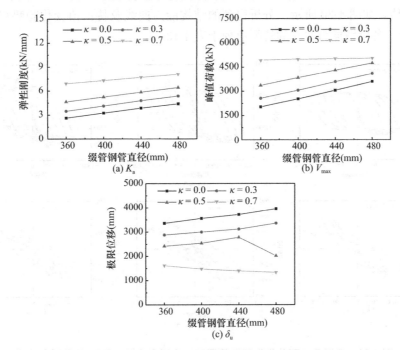

图 4-29 Pushover 分析得到的能力曲线特征值随缀管钢管直径变化趋势

Pushover 分析得到的不同缀管钢管直径下结构能力曲线特征值 表 4-12

腹板高度系数	缀管钢管直径(mm)	K_a(kN/mm)	δ_y(mm)	V_y(kN)	δ_{max}(mm)	V_{max}(kN)	δ_u(mm)	V_u(kN)
0.0	360	2.62	620	1627	1840	2036	3360	1732
	400	3.24	620	2007	1980	2525	3560	2149
	440	3.85	620	2387	2040	3057	3720	2606
	480	4.37	640	2800	2160	3598	3960	3066
0.3	360	3.47	540	1873	1660	2565	2880	2182
	400	4.12	540	2227	1700	3061	3000	2606
	440	4.78	540	2583	1780	3588	3120	3063
	480	5.34	560	2991	1980	4096	3360	3496
0.5	360	4.64	500	2322	1480	3363	2420	2868
	400	5.24	500	2621	1540	3841	2540	3284
	440	5.84	500	2921	1760	4304	2780	3674
	480	6.40	500	3199	1880	4747	2020	4463
0.7	360	6.90	460	3172	1520	4918	1620	4553
	400	7.29	440	3209	1380	4981	1480	4549
	440	7.69	420	3228	1280	5021	1400	4349
	480	8.06	400	3223	1220	5046	1340	4492

(2) 低周反复荷载分析

本小节进行墩高 40m、缀管钢管直径不同的钢管混凝土格构式桥墩在低周反复荷载作用下的抗震性能分析。限于篇幅，本书仅给出桥墩腹板高度系数为 0.3 和 0.7 时的荷载-位移滞回曲线，如图 4-30 所示。分析得到的结构能力曲线及特征值变化趋势如图 4-31 和图 4-32 所示，各桥墩能力曲线的特征值列于表 4-13。

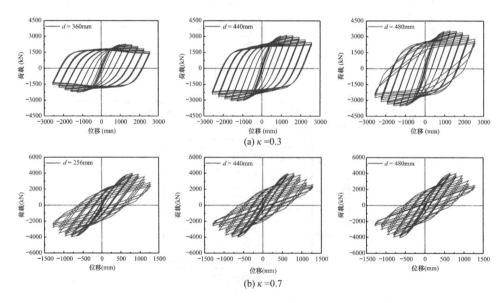

图 4-30 低周反复荷载作用下缀管钢管直径不同桥墩的荷载-位移滞回曲线

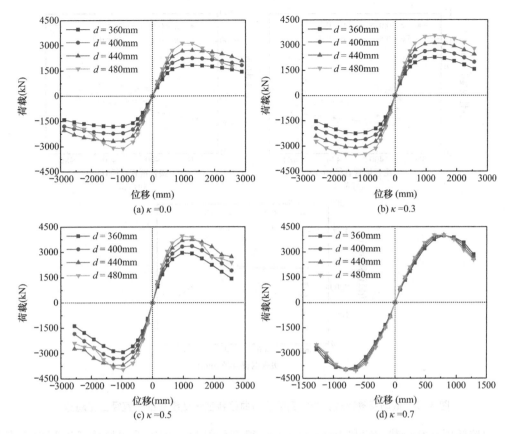

图 4-31 低周反复荷载分析得到的缀管钢管直径不同桥墩的荷载-位移能力曲线图

低周反复荷载分析得到的不同缀管钢管直径下结构能力曲线特征值　　　　表 4-13

腹板高度系数	缀管钢管直径(mm)	K_a(kN/mm)	δ_y(mm)	V_y(kN)	δ_{max}(mm)	V_{max}(kN)	δ_u(mm)	V_u(kN)
0.0	360	2.61	568	1486	1280	1826	2707	1552
	400	3.23	566	1828	1280	2251	2708	1913
	440	3.82	573	2189	1280	2710	2841	2304
	480	4.39	574	2519	960	3124	1718	2656
0.3	360	3.42	513	1755	1280	2273	2134	1932
	400	4.06	515	2087	1280	2683	2192	2281
	440	4.66	525	2446	1280	3125	2301	2656
	480	5.21	540	2812	1280	3571	2416	3035
0.5	360	4.54	496	2250	960	2946	1725	2504
	400	5.07	504	2559	1280	3347	1825	2845
	440	5.59	515	2879	1280	3742	2009	3181
	480	6.17	506	3120	960	3958	1675	3364
0.7	360	6.90	416	2868	800	3974	1216	3378
	400	7.27	399	2897	800	4003	1130	3403
	440	7.63	382	2914	800	4005	1074	3404
	480	7.97	368	2935	640	4014	1180	3412

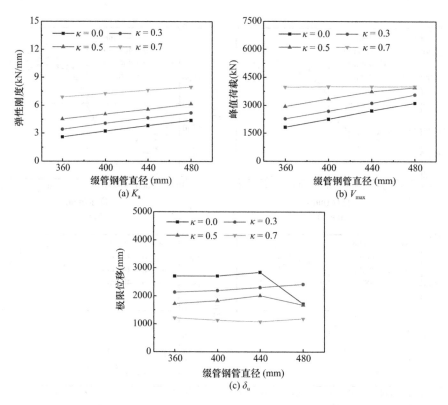

图 4-32 低周反复荷载分析得到的能力曲线特征值随缀管钢管直径变化趋势

比较低周反复荷载方法与 Puhsover 方法得到的结果，可以看出格构段缀管钢管直径变化在两种加载模式下的影响趋势基本一致，因此不再赘述。相较水平单向推覆的作用，在低周反复荷载作用下，桥墩的峰值荷载平均减小约 14%，峰值位移和极限位移分别减小约 36% 和 26%。综上所述，钢管混凝土格构式桥墩中格构段缀管钢管直径的大小，对缀管截面的抗弯刚度（EI）$_{CHS}$、剪切刚度（GA）$_{CHS}$ 影响较大，进而导致腹板高度系数较小的桥墩弹性刚度、屈服荷载以及峰值荷载受到较大的影响，而对腹板高度系数较大桥墩的抗震性能影响较小。

4.2.3 轴压比

(1) Pushover 分析

以腹板高度系数为 0.0、0.3、0.5 和 0.7 的 40m 桥墩为基准，分别建立轴压比 n 为 0.10、0.15、0.20、0.25、0.30 的钢管混凝土格构式桥墩模型，通过 Pushover 分析得到能力曲线及特征值变化趋势如图 4-33 和图 4-34 所示，各桥墩能力曲线特征值列于表 4-14。

由图 4-33 和图 4-34 可知，在保持其他构造参数不变的前提下，随着轴压比 n 的增加，腹板高度系数 $\kappa < 0.7$ 的钢管混凝土格构式桥墩的能力曲线及其特征值具有类似的变化趋势，各性能指标随之递减，而腹板高度系数 $\kappa = 0.7$ 的桥墩表现出明显差异。因此，接下来以腹板高度系数为 0.3 和 0.7 的桥墩为例进行对比说明。

对于腹板高度系数为 0.3 的桥墩，当轴压比由 0.10 增大至 0.30，桥墩的弹性刚度基本保持不变；屈服荷载由 2381kN 减小至 1859kN，峰值荷载由 3390kN 减小至 2273kN，分别减小了约 22% 和 33%；峰值位移由 2020mm 减小至 1120mm，极限位移由 3620mm 减小至 1920mm，平均减小了约 46%。

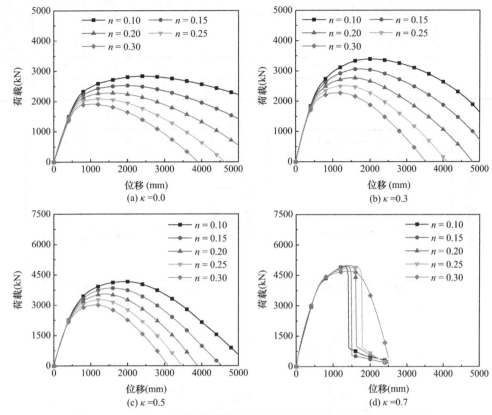

图 4-33 Pushover 分析得到的轴压比不同桥墩的荷载-位移能力曲线图

Pushover 分析得到的不同轴压比下结构能力曲线特征值　　　　　表 4-14

腹板高度系数	轴压比	K_a(kN/mm)	δ_y(mm)	V_y(kN)	δ_{max}(mm)	V_{max}(kN)	δ_u(mm)	V_u(kN)
0.0	0.10	3.20	680	2175	2420	2834	4480	2412
	0.15	3.24	620	2007	1980	2525	3560	2149
	0.20	3.23	580	1872	1560	2281	2880	1943
	0.25	3.17	560	1773	1200	2087	2380	1779
	0.30	3.09	540	1670	1060	1917	2000	1639
0.3	0.10	4.11	580	2381	2020	3390	3620	2884
	0.15	4.12	540	2227	1700	3061	3000	2606
	0.20	4.08	520	2119	1540	2769	2540	2355
	0.25	4.10	480	1967	1340	2506	2200	2136
	0.30	4.04	460	1859	1120	2273	1920	1940
0.5	0.10	5.25	520	2732	1940	4159	2980	3556
	0.15	5.24	500	2621	1540	3841	2540	3284
	0.20	5.23	480	2510	1380	3552	2220	3030
	0.25	5.21	460	2398	1260	3273	1980	2790
	0.30	5.20	440	2286	1140	3009	1780	2559

续表

腹板高度系数	轴压比	K_a(kN/mm)	δ_y(mm)	V_y(kN)	δ_{max}(mm)	V_{max}(kN)	δ_u(mm)	V_u(kN)
0.7	0.10	7.24	440	3186	1300	4952	1400	4486
	0.15	7.29	440	3209	1380	4981	1480	4549
	0.20	7.24	460	3332	1460	4966	1600	4398
	0.25	7.24	460	3329	1580	4886	1760	4484
	0.30	7.31	440	3216	1400	4701	1880	4002

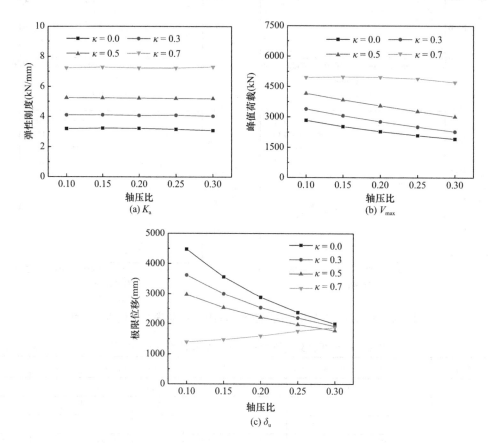

图 4-34 Pushover 分析得到的能力曲线特征值随轴压比变化趋势

对于腹板高度系数为 0.7 的桥墩,当轴压比由 0.10 增大至 0.30,桥墩的弹性刚度基本保持不变;桥墩峰值荷载和峰值位移出现先增大后减小的趋势,尤其是在轴压比为 0.30 时出现一定程度的减小;但极限位移则呈近似线性增长,由 1400mm 增加至 1880mm,增大了约 34%。

出现上述差异的原因,可能是因为墩顶轴力越大,桥墩上部格构段柱肢承受的初应力越大,通过中部过渡段传递给下部复合段的轴力也越大。对于腹板高度系数较小的桥墩,上部格构段的工作性能直接决定了桥墩的整体抗震性能,因此柱肢初应力越大,桥墩越快进入弹塑性阶段,峰后劣化段的劣化速率越快;而对于腹板高度系数较大的桥墩,下部复合段在桥墩整体结构中发挥关键作用,轴力越大,复合段承担的压力越大,近似于给钢筋混凝土腹板施加预应力,钢筋混凝土腹板在桥墩整体抗侧力体系中的作用越能得到发挥,因此桥墩能力曲线反而随着轴压比的增加而有所改善。

(2) 低周反复荷载分析

本小节进行墩高 40m、轴压比不同的钢管混凝土格构式桥墩在低周反复荷载作用下的抗震性能分析。限于篇幅,本书仅给出桥墩腹板高度系数为 0.3 和 0.7 时的荷载-位移滞回曲线,得到的基底剪力-墩顶位移滞回曲线如图 4-35 所示。各桥墩能力曲线及特征值变化趋势如图 4-36 和图 4-37 所示,骨架曲线特征值如表 4-15 所示。

比较低周反复荷载方法与 Puhsover 方法得到的结果,可以看出在两种加载模式下轴压比对桥墩能力曲线及其特征值变化的影响趋势基本一致,因此不再赘述。相较水平单向推覆的作用,在低周反复荷载作用下,桥墩的峰值荷载平均减小约 12%,峰值位移和极限位移分别减小约 29% 和 24%。

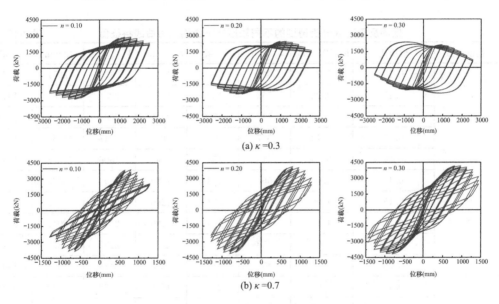

图 4-35 低周反复荷载作用下轴压比不同桥墩的荷载-位移滞回曲线

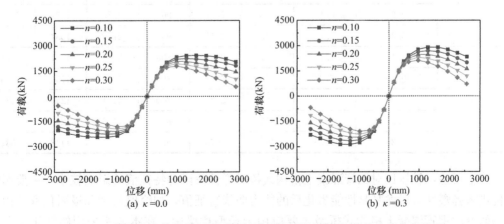

图 4-36 低周反复荷载分析得到的轴压比不同桥墩的荷载-位移能力曲线图

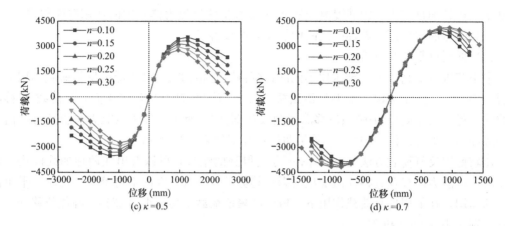

图 4-36 低周反复荷载分析得到的轴压比不同桥墩的荷载-位移能力曲线图（续）

低周反复荷载分析得到的不同轴压比下结构能力曲线特征值　　表 4-15

腹板高度系数	轴压比	K_a(kN/mm)	δ_y(mm)	V_y(kN)	δ_{max}(mm)	V_{max}(kN)	δ_u(mm)	V_u(kN)
0.0	0.10	3.24	601	1949	1600	2438	2951	2072
	0.15	3.23	566	1828	1280	2251	2708	1913
	0.20	3.19	542	1730	960	2084	2262	1771
	0.25	3.12	527	1646	960	1947	1869	1655
	0.30	3.05	510	1557	960	1806	1573	1535
0.3	0.10	4.00	560	2238	1280	2894	2375	2460
	0.15	4.06	515	2087	1280	2683	2192	2281
	0.20	4.11	476	1956	1280	2462	2041	2092
	0.25	4.05	453	1834	960	2292	1827	1948
	0.30	3.81	485	1847	960	2118	1552	1800
0.5	0.10	4.95	552	2734	1280	3560	1989	3026
	0.15	5.07	504	2559	1280	3347	1825	2845
	0.20	5.14	470	2414	960	3160	1709	2686
	0.25	5.13	443	2271	960	2979	1534	2532
	0.30	5.12	418	2141	960	2782	1537	2364
0.7	0.10	7.12	407	2900	800	3857	1051	3278
	0.15	7.27	399	2897	800	4003	1130	3403
	0.20	7.35	397	2920	800	4101	1249	3486
	0.25	7.37	400	2952	800	4153	1236	3530
	0.30	7.36	405	2978	960	4154	1448	3531

综上所述，轴压比对钢管混凝土格构式桥墩弹性阶段的特征值的影响较小，主要影响结构进入弹塑性阶段尤其是性能劣化后的能力曲线特征值，如峰值荷载和极限位移。由于本书研究的钢管混凝土格构式桥墩主要应用于轻型桥梁中，在本章所采用的轴压比范围内，对于腹板高度系数较小的桥墩，轴压比越大，钢管混凝土柱肢越快屈服进入弹塑性阶

段，达到峰值荷载后的劣化速率也越快；而对于腹板高度系数较大的桥墩，轴压比越大，结构水平承载能力和延性变形能力反而有所增加。

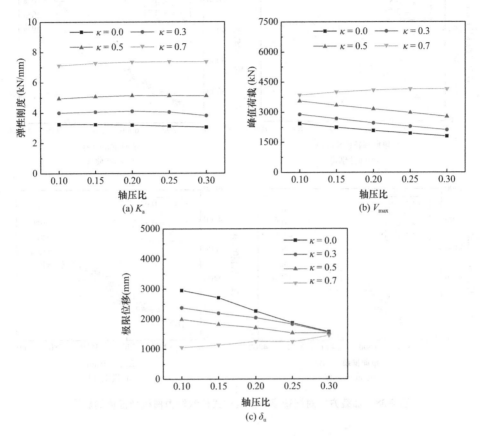

图 4-37　低周反复荷载分析得到的能力曲线特征值随轴压比变化趋势

4.2.4　加载方式

由 4.2.1 节～4.2.3 节的分析内容可知，加载方式对钢管混凝土格构式桥墩的能力曲线有比较大的影响，尤其是桥墩的峰值位移和峰值荷载。相比水平单向推覆作用，低周反复加载会加速桥墩柱肢和缀管钢管发生低周疲劳破坏，推动管内混凝土和腹板混凝土裂缝的产生与发展，加重结构损伤累积，导致桥墩强度和延性退化。图 4-38 表现了加载方式对钢管混凝土格构式桥墩能力曲线特征值，如弹性刚度、峰值荷载、峰值位移和极限位移的影响。

由图 4-38 可知，对于钢管混凝土格构式桥墩，相比于单向推覆作用，反复加载使得桥墩的峰值荷载减小了约 13%，峰值位移平均减小了约 32%，极限位移平均减小了约 27%。也就是说，在没有条件进行反复加载分析时，为了偏于安全地评估钢管混凝土格构式桥墩在地震反复作用下的能力曲线，可以基于单向推覆作用得到的峰值荷载、峰值位移和极限位移，分别乘以 0.87、0.68 和 0.73 的折减系数得到反复荷载作用下的能力曲线特征值，用于桥墩强度和变形的验算。

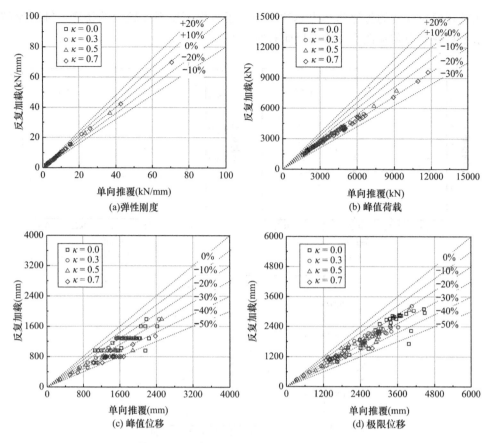

图 4-38 加载方式对钢管混凝土格构式桥墩能力曲线特征值的影响

4.3 桥墩荷载-位移能力曲线特征值的参数敏感性分析

为了更好地判断桥墩高度、柱肢纵向间距、缀管竖向间距、柱肢钢管直径、柱肢钢管壁厚、缀管钢管直径以及轴压比等主要构造参数对钢管混凝土格构式桥墩的水平荷载-位移能力曲线的影响程度，本节开展上述参数的敏感性分析，以期为此类新型组合桥墩的抗震设计提供参考。为定量分析桥墩荷载-位移能力曲线对各构造参数的敏感程度，采用式（4-1）定义的敏感度系数 S 以区分主要影响参数和次要影响参数。

$$S(y,x) = \frac{dy}{dx}\frac{x}{y} \tag{4-1}$$

式中：y——参数基准值对应的能力曲线特征值；

x——参数取值；

dy/dx——因参数变化引起能力曲线上特征值的变化量。

基于 4.2 节有限元参数分析得到的钢管混凝土格构式桥墩荷载-位移能力曲线，采用式（4-1）计算得到各构造参数对能力曲线主要特征值（弹性刚度、峰值荷载、极限位移）在参数基准值处的敏感度系数，并汇总列于表 4-16。表中敏感度系数 S 的大小表示当某参数在基准值附近变化 1% 时，能力曲线特征值相应变化 S%；参数敏感度系数 S 越大，说明能力曲线特征值对该参数越敏感。对于腹板高度系数不同的桥墩,按照特征值敏感度系数的绝对值大小进行排序,如图 4-39～图 4-42 所示。

结构能力曲线主要特征值关于各构造参数的敏感度系数　　　　表 4-16

腹板高度系数	参数	参数基准值	单向推覆			反复加载		
			$S(K_a)$	$S(V_{max})$	$S(\delta_u)$	$S(K_a)$	$S(V_{max})$	$S(\delta_u)$
0.0	l_h	40000	−1.669	−0.714	0.727	−1.711	−0.648	0.702
	d_w	4000	0.214	0.261	0.296	0.235	0.270	0.404
	d_v	2000	−0.618	−0.962	−0.453	−0.641	−0.960	0.229
	D	816	0.706	0.454	−0.239	0.683	0.434	−0.239
	t	16	0.150	0.128	−0.081	0.164	0.105	−0.075
	d	400	1.817	2.067	0.551	1.834	1.936	0.247
	n	0.15	0.010	−0.325	−0.669	−0.027	−0.209	−0.398
0.3	l_h	40000	−1.814	−0.826	0.912	−1.867	−0.768	1.129
	d_w	4000	0.449	0.306	0.036	0.458	0.322	0.017
	d_v	2000	−0.577	−0.797	−0.395	−0.546	−0.786	−0.231
	D	816	0.712	0.767	−0.153	0.745	0.782	−0.310
	t	16	0.154	0.221	−0.035	0.195	0.218	0.008
	d	400	1.523	1.674	0.520	1.470	1.616	0.436
	n	0.15	−0.003	−0.273	−0.534	0.047	−0.217	−0.227
0.5	l_h	40000	−2.133	−0.950	1.261	−2.158	−0.909	1.430
	d_w	4000	0.764	0.403	−0.157	0.766	0.416	−0.197
	d_v	2000	−0.447	−0.595	−0.391	−0.422	−0.538	0.058
	D	816	0.856	1.072	−0.154	0.933	1.049	−0.282
	t	16	0.220	0.343	−0.079	0.280	0.336	−0.236
	d	400	1.122	1.201	0.488	1.064	1.026	0.778
	n	0.15	−0.008	−0.224	−0.444	0.051	−0.173	−0.260
0.7	l_h	40000	−2.475	−1.051	1.510	−2.465	−1.050	1.400
	d_w	4000	1.277	0.789	−0.378	1.284	0.840	−0.262
	d_v	2000	−0.301	−0.047	0.659	−0.271	−0.029	−0.027
	D	816	1.130	1.041	−0.345	1.190	1.001	−0.206
	t	16	0.368	0.681	0.254	0.416	0.671	0.119
	d	400	0.532	0.085	−0.622	0.490	0.030	−0.625
	n	0.15	−0.004	0.006	0.217	0.046	0.092	0.188

(1) 弹性刚度

由图 4-39～图 4-42 可知,对于腹板高度系数 $\kappa \leqslant 0.5$ 的钢管混凝土格构式桥墩,其弹性刚度对桥墩高度和缀管钢管直径的变化最为敏感,其次是柱肢钢管直径、缀管竖向间距和柱肢纵向间距。随着腹板高度系数 κ 的增大,桥墩弹性刚度对缀管钢管直径和缀管竖向间距的敏感度不断降低，而对桥墩高度的敏感度不断上升。当腹板高度系数 κ 增大至 0.7 时，桥墩弹性刚度主要受桥墩高度的影响，同时对柱肢纵向间距和柱肢钢管直径的变化也比较敏感。此外，轴压比对桥墩弹性刚度的影响可以忽略不计。

（2）峰值荷载

由图 4-39～图 4-42 可知，对于腹板高度系数 $\kappa \leqslant 0.3$ 的钢管混凝土格构式桥墩，由于桥墩格构段决定了结构整体工作性能，因此桥墩峰值荷载对缀管钢管直径、缀管竖向间距的变化最为敏感，其次，桥墩高度和柱肢钢管直径对桥墩峰值荷载的影响也比较显著，而柱肢纵向间距、柱肢钢管壁厚以及轴压比的敏感度系数均小于 0.5，影响相对较小。对于 $\kappa=0.5$ 的钢管混凝土格构式桥墩，由于复合段和格构段在桥墩受力体系中均起到举足轻重的作用，因此桥墩峰值荷载对柱肢钢管直径、缀管钢管直径和桥墩高度的变化比较敏感，而对其余构造参数的变化也有一定程度的敏感度。反观 $\kappa=0.7$ 的钢管混凝土格构式桥墩，桥墩下部的复合段发挥了决定性作用，因此桥墩峰值荷载主要受桥墩高度、柱肢钢管直径和壁厚以及柱肢纵向间距的影响，轴压比和缀管构造参数的影响可不考虑。

（3）极限位移

由图 4-39～图 4-42 可知，钢管混凝土格构式桥墩的极限位移主要受桥墩高度的影响，且随着腹板高度系数 κ 的增大，桥墩高度的影响愈发显著。此外，桥墩在反复荷载作用下的极限位移对轴压比、缀管钢管直径和缀管竖向间距的变化比较敏感。

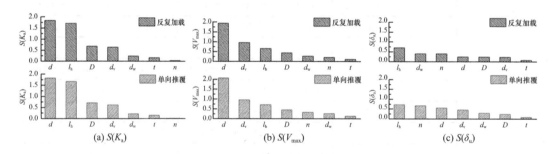

图 4-39　桥墩能力曲线特征值的参数敏感度系数（$\kappa=0.0$）

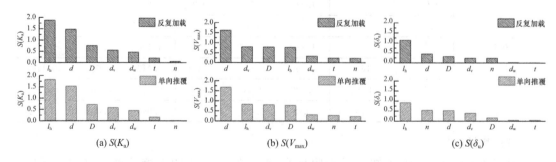

图 4-40　桥墩能力曲线特征值的参数敏感度系数（$\kappa=0.3$）

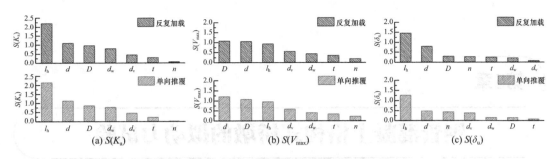

图 4-41　桥墩能力曲线特征值的参数敏感度系数（$\kappa=0.5$）

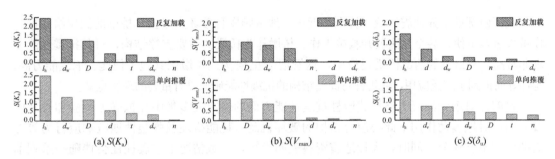

图 4-42　桥墩能力曲线特征值的参数敏感度系数（$\kappa=0.7$）

第5章 钢管混凝土格构式桥墩的拟动力试验

我国西部处于强地震区域，特别是近年，地震频发且破坏力极强。桥梁的倒塌给救援工作带来诸多不便，甚至无法展开救援工作。桥墩作为桥梁的主要支撑结构，对其抗震性能要求非常高。在最近的西部桥梁建设中，钢管混凝土格构式桥墩因其施工便捷、承载能力高、延性好而得到了广泛应用，使得针对此类结构的抗震性能研究具有重要的现实意义。

目前针对钢管混凝土格构式墩柱抗震性能方面的研究大多集中在拟静力试验和骨架曲线方面，对地震动作用下此类组合结构的破坏机制、耗能机理及弹塑性地震响应行为等方面的研究不够充分。同时，大量地震资料表明[46-52]，多数情况下主震往往会伴随一系列前震或余震一起发生，如果结构在主震中已经产生一定程度的破坏，随之而来的强余震很有可能加剧结构破坏，甚至引起倒塌，结构损伤的累积效应十分明显。另外，尽管大部分主余震序列中余震的震级及地震动峰值加速度（PGA）均小于主震，然而在少数地震序列中余震的震级虽然小于主震，但是 PGA 会大于主震[47-48]。因此，对于高烈度地区的桥梁结构，在抗震设计时要充分考虑主余震作用对桥墩抗震性能的影响。

本章在第 2 章钢管混凝土格构式桥墩拟静力试验研究的基础上，进行了 2 个 1∶8 缩尺模型的拟动力试验，分别采用 2008 年汶川大地震和 1995 年日本阪神大地震的地震动时程记录作为输入地震波，研究在不同强度地震和主余震作用下此类结构的变形、强度、刚度、耗能等抗震性能。

5.1 拟动力试验设计

5.1.1 试验模型设计

为了研究的连续性，本次拟动力试验的试件采用与第 2 章所述钢管混凝土格构墩拟静力试验标准试件 QS-ELP01 相同的几何尺寸和材料规格。因此，本章仅对试件的设计情况作简要说明，具体设计细节可参见第 2 章相关内容。

以干海子特大桥的钢管混凝土格构式桥墩为原型，实桥桥墩采用四根 $\phi 813mm \times 16mm$ 钢管，内灌 C50 混凝土，纵向采用规格为 $\phi 406mm \times 10mm$ 的平行单肢钢管连接，横向采用平行钢管桁架和交叉钢管撑连接。综合考虑模型尺寸效应、加载设备及模型制作等因素，确定格构墩试件尺寸相似比为 1∶8。共制作 2 个相同的平联缀管式钢管混凝土格构墩试验模型，柱肢均采用 $\phi 114mm \times 2mm$ 的 Q235 钢管，管内灌注 C50 混凝土，平联缀管均采用 $\phi 48mm \times 2mm$ 的 Q235 空钢管；模型有效高度 2750mm，柱肢形心纵向间距 500mm，柱肢形心横向间距 700mm，缀管竖向间距 250mm。

5.1.2 加载装置与测点布置

拟动力试验方法是一种电气-液压-计算机的联合试验，将结构动力学的数值解法同电液伺服加载有机结合。拟动力试验和拟静力试验的目的不同，拟静力试验主要是采用大比例的单自由度试件和周期性的加载方法，对材料或结构的表现进行深入的了解，从而发展抽象的、概括性的结构数学模型。而拟动力试验则是将已存在的数学模型应用于结构或构件，真实模拟地震对结构的作用，从而根据试验结果对预期响应进行验证。

通过对干海子特大桥的桥墩轴压比进行统计，确定了缩尺模型的轴压比为0.15，本次试验通过一个1000kN液压千斤顶模拟缩尺模型顶部的竖向恒荷载 $P=0.15P_y=284\text{kN}$，而墩顶的水平地震作用由固定于反力墙上的一个500kN MTS电液伺服作动器施加。为获得缩尺模型在各地震工况作用下的位移响应和应变响应，在试件顶部加载端和底部锚固端布置了位移计，在试件底部可能出现塑性铰的柱肢钢管表面布置了应变片。由于拟动力试验的加载装置和测点布置与第2章进行的拟静力试验基本相同，本章不再赘述。

拟动力试验的流程如图5-1所示，具体步骤如下：

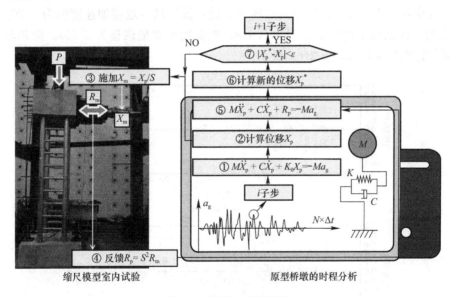

图 5-1 拟动力试验流程

（1）在计算机系统中输入某一确定的地震地面运动加速度。在加速度的时程曲线中，加速度的幅值随时间 t 的改变而变化。为便于利用数值积分方法来计算求解线性或非线性的运动方程式，可将实际地震加速度的时程曲线按 Δt 划分成许多微小的时段，并认为在这 Δt 时间段内的加速度呈直线变化。

（2）以单自由度为例，由计算机按输入第 n 步的地面运动加速度 $a_{g,n}$，由运动方程在 Δt 时间内由第 $n-1$ 和 n 步的位移 $X_{p,n-1}$ 和 $X_{p,n}$ 以及结构刚度，求得第 $n+1$ 步的指令位移 $X_{p,n+1}$。

（3）根据相似比，将指令位移 $X_{p,n+1}$ 换算为 $X_{m,n+1}$，并将位移值转换成电压信号，由加载控制系统的计算机输入电液伺服作动器，用准静态方法施加水平位移 $X_{m,n+1}$。

（4）由电液伺服作动器的荷载传感器测得模型的恢复力 $R_{m,n+1}$，根据荷载相似比换算成第 n 步的恢复力 $R_{p,n+1}$ 后重新代入运动方程，求得第 $n+1$ 步的新指令位移 $X^*_{p,n+1}$。

(5) 重复上述步骤，按输入第 $n+1$ 步的地面运动加速度 $a_{g,n+1}$ 求位移 $X_{p,n+2}$ 和恢复力 $R_{p,n+2}$，连续进行加载试验，直到输入地震加速度时程所指定的时刻。

5.1.3 加载地震波和加载工况设计

将钢管混凝土格构墩的试验模型简化为单质点模型，两个缩尺模型的初始弹性刚度平均值为 7.71kN/mm。根据 1∶8 的几何缩尺比例可得到实际桥墩单质点模型的刚度为 61.68kN/mm，基本周期为 1.09s。如图 5-2(a) 和图 5-2(b) 所示，加载地震波采用 1995 年日本阪神大地震的 KOBE 波（神户海洋气象台站 NS 方向）和 2008 年汶川大地震的 SFBJ 波（什邡八角测点 NS 方向）。其中，KOBE 波的地震动峰值加速度为 $0.837g$，地震动持时 30s，步长 0.02s；SFBJ 波的地震动峰值加速度为 $0.593g$，地震动持时 205s，步长 0.01s，由于 MTS 加载控制系统对于加载地震波数据点数目的限制，拟动力试验取 SFBJ 波第 9.00～35.00s 间地震动明显的 26s 进行加载。

根据《中国地震动参数区划图》GB 18306—2015[53] 和《公路桥梁抗震设计规范》JTG/T 2231-01—2020[11] 的有关规定及干海子特大桥的设计文件，干海子特大桥为 B 类桥梁，设计安全等级为一级，抗震设防烈度为 8 度，设计基本地震加速度值为 $0.20g$，场地类别为Ⅲ类，区划图上的特征周期为 0.45s，根据场地类型调整为 0.65s。两条输入地震波的绝对加速度反应谱如图 5-2(c) 所示。

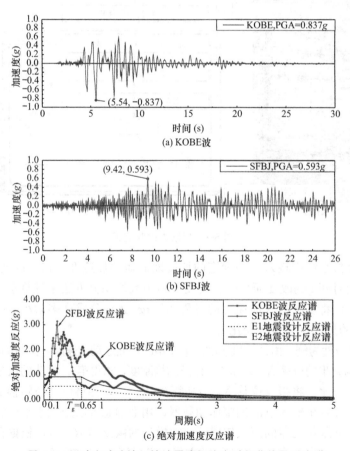

图 5-2 拟动力试验输入的地震波加速度时程曲线及反应谱

根据《中国地震动参数区划图》GB 18306—2015[53]第 6.2 节，多遇地震峰值加速度宜按不低于基本地震峰值加速度的 1/3 倍确定，罕遇地震峰值加速度宜按基本地震峰值加速度的 1.6～2.3 倍确定，极罕遇地震峰值加速度宜按基本地震峰值加速度的 2.7～3.2 倍确定。因此，拟动力试验时将两条地震波的加速度幅值按一定比例进行调整，使其分别相当于多遇、基本、罕遇和极罕遇地震作用，试验加载工况如表 5-1 所示。

表 5-1 中"工况"最后一列数据表示该工况采用的地震动峰值加速度。为便于比较，采用峰值加速度逐级递增的 SFBJ 波对试件 S1 进行加载，了解不同强度地震作用下平缀管式钢管混凝土格构墩的抗震性能；采用 KOBE 波对试件 S2 进行三次相同强度的 9 度罕遇地震工况加载，是为了减少其他因素对试验结果的干扰，便于了解主余震作用对钢管混凝土格构墩抗震性能的影响程度。在每个工况开始前分别进行三次位移幅值为 2mm 的往复循环加载，以量测模型的初始弹性刚度。

拟动力试验加载工况 表 5-1

试件	地震波	工况	峰值加速度(g)	地震烈度
S1	SFBJ 波	S1-01-0.06	0.059	7 度多遇
		S1-02-0.12	0.119	8 度多遇
		S1-03-0.24	0.237	8 度基本
		S1-04-0.36	0.356	8 度罕遇
		S1-05-0.47	0.474	8 度罕遇
		S1-06-0.59	0.593	8 度极罕遇
		S1-07-0.71	0.712	9 度罕遇
		S1-08-0.83	0.830	9 度罕遇
		S1-09-0.95	0.949	9 度罕遇
		S1-10-1.07	1.067	9 度极罕遇
		S1-11-1.19	1.186	9 度极罕遇
		S1-12-1.31	1.305	9 度极罕遇
		S1-13-1.42	1.423	＞9 度极罕遇
		S1-14-1.66	1.660	＞9 度极罕遇
		S1-15-1.90	1.898	＞9 度极罕遇
S2	KOBE 波	S2-01-0.08	0.084	8 度多遇
		S2-02-0.84	0.837	9 度罕遇
		S2-03-0.84	0.837	9 度罕遇
		S2-04-0.84	0.837	9 度罕遇

5.2 拟动力试验结果与分析

5.2.1 不同强度地震作用下结构抗震性能分析

不同强度地震作用下试件 S1 的荷载-位移滞回曲线如图 5-3 所示，墩顶水平位移、墩底水平剪力及累积滞回耗能的滞回曲线分别绘于图 5-4(a)～(c)。限于篇幅，图中只列出部分典型加载工况。图中的荷载、位移和耗能分别采用拟静力试验得到的屈服荷载 $P_y=40.4$kN、屈服位移 $\delta_y=25.3$mm 和单位耗能指标 $E_y=1/2 P_y \delta_y=511.1$kN·mm 进行归一化处理。

表 5-2 则列出了试件 S1 所有加载工况下得到的主要结果，其中 $K_y = P_y/\delta_y$ 为结构等效屈服刚度，括号内为主余震作用前后的刚度与初始刚度的比值；另外，为进一步评估不同强度地震作用下结构累积损伤程度，本节采用 Park-Ang 损伤指数（DI）表示地震造成的损伤，该指数是基于结构最大变形与累积滞回耗能线性组合的双参数模型，即：

$$\mathrm{DI} = \frac{\delta_m}{\delta_u} + \beta \frac{E_h}{P_y \delta_u} \tag{5-1}$$

其中，$\delta_u = 3.91\delta_y$，为拟静力试验得到的结构破坏位移；δ_m 为地震作用下结构的最大响应位移；E_h 为总累积滞回耗能，即在反复荷载作用下荷载-位移滞回曲线所包围的面积之和；β 为表征反复加载效应的无量纲参数，根据文献[54]取值为 0.02。

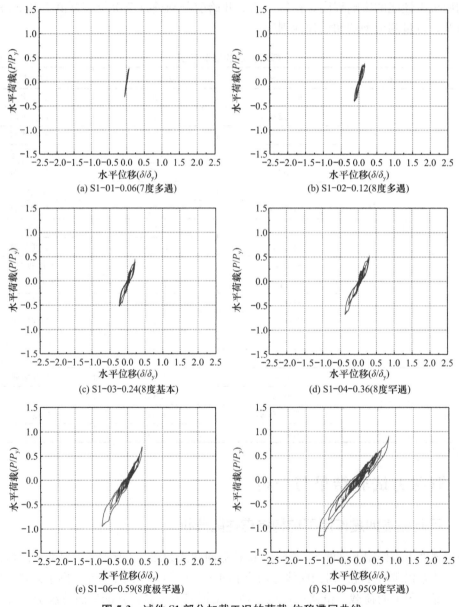

图 5-3　试件 S1 部分加载工况的荷载-位移滞回曲线

第 5 章 钢管混凝土格构式桥墩的拟动力试验

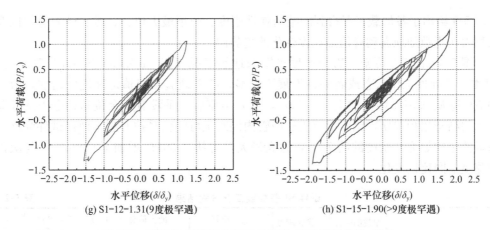

(g) S1-12-1.31(9度极罕遇)　　　　　　(h) S1-15-1.90(>9度极罕遇)

图 5-3　试件 S1 部分加载工况的荷载-位移滞回曲线（续）

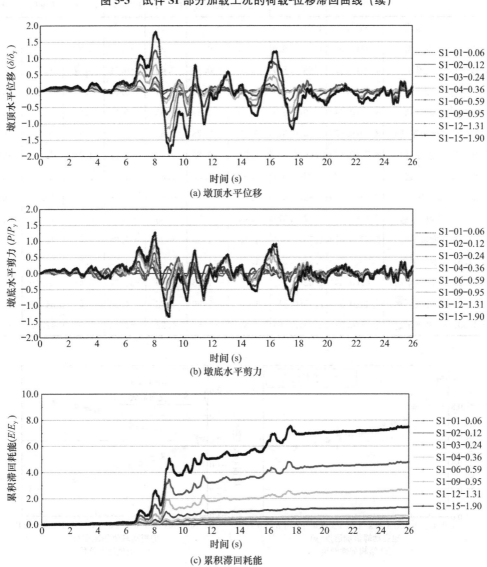

图 5-4　试件 S1 部分加载工况的地震响应时程曲线

图 5-5 给出了各加载工况得到的结构弹性刚度、墩顶最大位移、墩底最大剪力以及结构累积损伤指数随地震动峰值加速度变化的趋势图。

由图 5-3～图 5-5 可知，直至 8 度极罕遇地震工况（S1-01-0.06～S1-06-0.59），试件 S1 基本处于弹性工作状态或者塑性发展不明显，随着地震动峰值加速度的增加，墩顶最大响应位移从 $0.07\delta_y$ 线性增大至 $0.73\delta_y$，加载结束后几乎没有残余位移；由于反复荷载作用下的结构累积损伤，钢管混凝土柱肢管内混凝土可能已受拉开裂，使得试件弹性刚度逐渐降低至初始弹性刚度的约 70%，墩底最大剪力从 $0.30H_y$ 增加至 $0.95H_y$，与墩顶最大位移呈不同比例变化。

试件 S1 各加载工况试验结果　　　　　表 5-2

工况	加载前刚度 K_e/K_y	加载后刚度 K_d/K_y	最大位移 δ_{max}^+/δ_y	δ_{max}^-/δ_y	最大荷载 P_{max}^+/P_y	P_{max}^-/P_y	累积滞回耗能 E_{hi}/E_y	E_h/E_y	损伤指数 (DI)
S1-01-0.06(7度多遇)	4.86(1.00)	4.81(0.99)	0.07	−0.06	0.26	−0.30	0.06	0.06	0.02
S1-02-0.12(8度多遇)	4.81(0.99)	4.21(0.87)	0.16	−0.14	0.34	−0.40	0.22	0.28	0.04
S1-03-0.24(8度基本)	4.21(0.87)	3.88(0.80)	0.22	−0.25	0.40	−0.52	0.47	0.75	0.07
S1-04-0.36(8度罕遇)	3.88(0.80)	3.46(0.71)	0.31	−0.38	0.51	−0.68	0.71	1.46	0.10
S1-05-0.47(8度罕遇)	3.46(0.71)	3.29(0.68)	0.38	−0.59	0.63	−0.84	1.04	2.5	0.16
S1-06-0.59(8度极罕遇)	3.29(0.68)	3.25(0.67)	0.43	−0.73	0.69	−0.95	1.34	3.84	0.20
S1-07-0.71(9度罕遇)	3.25(0.67)	3.06(0.63)	0.51	−0.89	0.77	−1.03	1.78	5.62	0.24
S1-08-0.83(9度罕遇)	3.06(0.63)	2.92(0.60)	0.64	−1.03	0.85	−1.11	2.30	7.92	0.28
S1-09-0.95(9度罕遇)	2.92(0.60)	2.85(0.59)	0.81	−1.15	0.88	−1.16	2.71	10.63	0.32
S1-10-1.07(9度极罕遇)	2.85(0.59)	2.77(0.57)	0.93	−1.33	0.98	−1.22	3.43	14.06	0.38
S1-11-1.19(9度极罕遇)	2.77(0.57)	2.70(0.56)	1.16	−1.39	1.00	−1.26	4.19	18.25	0.40
S1-12-1.31(9度极罕遇)	2.70(0.56)	2.61(0.54)	1.25	−1.55	1.06	−1.32	4.81	23.06	0.46
S1-13-1.42(>9度极罕遇)	2.61(0.54)	2.42(0.50)	1.35	−1.63	1.09	−1.37	5.43	28.49	0.49
S1-14-1.66(>9度极罕遇)	2.42(0.50)	2.45(0.51)	1.51	−1.96	1.22	−1.38	6.50	34.99	0.59
S1-15-1.90(>9度极罕遇)	2.45(0.51)	2.23(0.46)	1.81	−1.89	1.27	−1.35	7.53	42.52	0.59

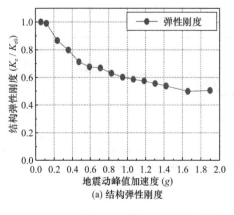
(a) 结构弹性刚度

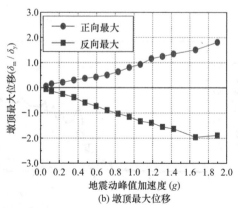
(b) 墩顶最大位移

图 5-5　试件 S1 主要试验结果随地震动峰值加速度变化的趋势

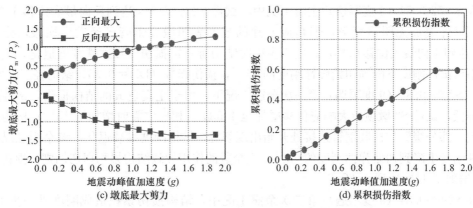

图 5-5　试件 S1 主要试验结果随地震动峰值加速度变化的趋势（续）

在 S1-07-0.71（9 度罕遇）地震工况，试件 S1 在 8.83s 达到反向最大位移 $0.89\delta_y$，此时墩底钢管一侧达到屈服应变，但结构外观未发现明显损伤。在 S1-09-0.95（9 度罕遇）地震工况，试件 S1 于 8.07s 达到正向最大位移 $0.81\delta_y$，墩底钢管另一侧进入屈服状态。在 S1-10-1.07（9 度极罕遇）地震工况，试件中部一处平联缀管与钢管混凝土柱肢连接处出现如图 5-6(a) 的微小裂缝；试件屈服后，随着地震动峰值加强度的增加，墩顶最大响应位移非线性增长，缀管与柱肢钢管连接处陆续出现开裂，墩底钢管应变急剧增加，而墩底最大剪力的增长速度开始减缓，说明结构开始进入弹塑性阶段，在该阶段的大位移反复作用下，结构累积滞回耗能显著增加，累积损伤加剧导致损伤指数（DI）快速增长。

在 S1-15-1.90（＞9 度极罕遇）地震工况首次出现强度退化现象，但直至加载结束，试件无明显破坏，墩底钢管发生如图 5-6(b) 所示的轻微鼓曲变形，结构仍保持一定的承载能力，还可以继续抵抗强震作用，表现出良好的抗震性能。

(a) 缀管与柱肢连接处开裂

(b) 柱肢底部钢管鼓曲

图 5-6　地震作用下钢管混凝土格构墩试件的典型破坏形态

5.2.2　主余震作用下结构抗震性能分析

试件 S2 在经历 1 次 8 度多遇地震（前震）、3 次相同强度的 9 度罕遇地震（主余震）后得到的荷载-位移滞回曲线、位移时程曲线和累积耗能时程曲线如图 5-7 和图 5-8 所示。表 5-3 列出了试件 S2 在主余震工况作用下得到的主要结果。

在 S2-01-0.08（8 度多遇）地震工况，试件 S2 处于弹性工作状态，没有发现任何损伤。

在 S2-02-0.84（9 度罕遇）主震工况中，试件 S2 于 7.34s 达到反向最大位移 $1.33\delta_y$，虽然钢管外表面无明显变形，但是应变片的数据表明墩底钢管已经发生屈服，接着在 8.02s 达到正向最大位移 $0.97\delta_y$；由于主震时结构有一定损伤导致试件刚度退化，主震工况结束后试件刚度下降到初始弹性刚度的 71%，损伤指数（DI）=0.35，结构轻度破坏。

在 S2-03-0.84（9 度罕遇）第一次余震工况下，由于主震造成的结构损伤，试件刚度略有降低，试件 S2 墩顶最大响应位移增加至 $1.53\delta_y$，相比主震时增加了 15%；格构墩中部区域一部分缀管与柱肢钢管连接处开始出现裂缝，结构刚度继续退化，该余震工况结束后试件刚度下降到初始弹性刚度的 68%，主余震的作用导致结构累积损伤加剧，损伤指数（DI）增加了 17%达到 0.41。

在 S2-04-0.84（9 度罕遇）第二次余震工况中，结构损伤累积造成刚度进一步下降，试件 S2 墩顶变形显著，最大响应位移扩大至 $1.87\delta_y$，相比主震时增加了约 41%；墩底钢管出现图 5-6(b) 所示的轻微鼓曲，原有缀管与柱肢钢管连接处的裂缝扩展，同时在其他连接处出现了新的裂缝，试件刚度略有退化，该余震工况结束后试件刚度下降到初始弹性刚度的 66%，结构累积损伤继续增加，损伤指数（DI）=0.51。

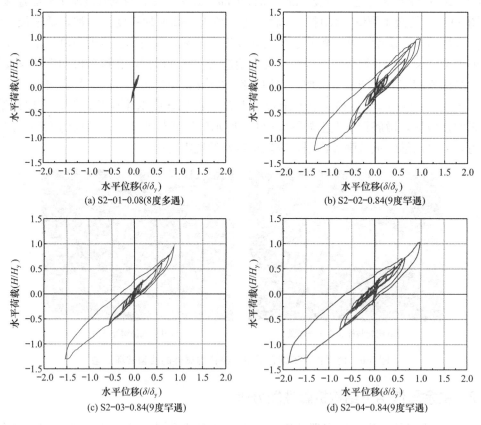

图 5-7 试件 S2 各加载工况的荷载-位移滞回曲线

结合第 2 章拟静力试验得到的骨架曲线，可知试件 S2 在主余震作用下均处于弹塑性强化段，即随着墩顶位移的增大，墩底最大剪力也随之增大。根据圆钢管混凝土柱损坏程度与损伤指数的对应关系[55]，结构中度破坏时损伤指数介于 0.45~0.75 范围内，而表 5-3

所有工况结束后损伤指数（DI）均小于 0.6，表明试件 S2 在 9 度罕遇主余震作用后只有中度破坏，结构并未失效，仍能继续承载，进一步说明平缀管式钢管混凝土格构墩具有良好的抗震性能。

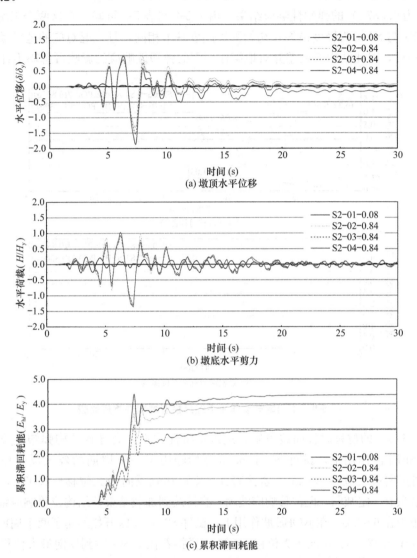

图 5-8　试件 S2 各加载工况的响应时程曲线

试件 S2 各加载工况试验结果　　　　　　　表 5-3

工况	加载前刚度 K_e/K_y	加载后刚度 K_d/K_y	最大位移		最大荷载		累积滞回耗能		损伤指数 (DI)
			δ_{max}^+/δ_y	δ_{max}^-/δ_y	H_{max}^+/H_y	H_{max}^-/H_y	E_{hi}/E_y	E_h/E_y	
S2-01-0.08(8 度多遇)	4.79(1.00)	4.67(0.97)	0.12	−0.06	0.24	−0.27	0.07	0.07	0.03
S2-02-0.84(9 度罕遇)	4.67(0.97)	3.38(0.71)	0.97	−1.33	0.97	−1.24	3.98	4.05	0.35
S2-03-0.84(9 度罕遇)	3.38(0.71)	3.26(0.68)	0.86	−1.53	0.93	−1.30	2.97	7.02	0.41
S2-04-0.84(9 度罕遇)	3.26(0.68)	3.17(0.66)	0.98	−1.87	1.03	−1.36	4.37	11.39	0.51

5.2.3 地震动特性对结构地震响应的影响

图 5-9 表示了工况 S1-08-0.83（SFBJ 波，PGA 为 0.830g）与 S2-03-0.84（KOBE 波，PGA 为 0.837g）的弹塑性响应结果。由表 5-2 与表 5-3 可知，在这两个工况开始加载前，试件 S1 与 S2 均为轻度破坏，初始弹性刚度基本相同，且工况对应的地震动峰值加速度也基本一样，因此结构参数差异对地震作用下的弹塑性响应的影响可忽略不计。

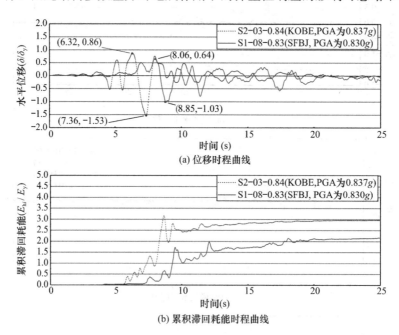

图 5-9　不同地震动作用下缩尺模型弹塑性响应比较

由图 5-9(a) 的位移时程曲线可知，地震动特性的不同会导致结构弹塑性位移的显著差异。在 SFBJ 波作用下，试件 S1 于 6.3s 开始经历了一个周期的较大反复位移后，在 8.06s 达到正向最大位移 $0.64\delta_y$，紧接着在 8.85s 达到反向最大位移 $-1.03\delta_y$，而后位移响应的幅值虽有一定减弱，但位移响应波动一直持续到加载结束，结构位移响应幅值较大的波动主要集中在 6～20s。在 KOBE 波作用下，试件 S2 从 4.1s 开始经历了两个周期的大幅值反复位移并于 6.32s 达到正向最大位移 $0.86\delta_y$，紧接着在 7.36s 达到反向最大位移 $-1.53\delta_y$，随后位移响应的幅值逐渐衰减，一直持续到 20s 左右趋于平稳，结构位移响应幅值较大的波动主要集中在 4～11s 的区间内。

由图 5-9(b) 的累积滞回耗能时程曲线可知，对于 SFBJ 波，试件 S1 在 7.3～10.1s 吸收了约 45% 的地震能量，12.6s 之前累积吸收约 70% 的能量，剩余 30% 的能量直到加载结束才逐渐吸收完毕，这与试件 S1 的位移响应波动集中在 6～20s 中间时间段是相符的；对于 KOBE 波，虽然地震动持时为 30s，然而试件 S2 在 5.6～9.0s 极短时间内快速吸收约 70% 的地震能量，剩余 30% 的能量是在 9.0～16.3s 之间缓慢吸收，这也间接解释了图 5-8(a) 试件 S2 较大的位移响应波动出现在 4～11s 的现象。

虽然两个工况加载地震动的 PGA 基本一致，但是工况 S2-03-0.84（KOBE 波）产生的最大位移和累积滞回耗能分别为工况 S1-08-0.83（SFBJ 波）的 1.49 倍和 1.29 倍。若以 E2 地震水平设计加速度反应谱的最大值作为基准,由图 5-2 可知,SFBJ 波的卓越周期为 0.10~0.55s,而 KOBE 波的卓越周期为 0.13~1.20s;由于累积损伤效应,在工况开始前桥墩结构刚度相比初始弹性刚度降低了约 30%,实际桥墩的基本周期由最开始的 1.09s 延长为 1.30s,此时结构虽已避开了两条加载波的卓越周期,但是 KOBE 波的地震输入能量相比 SFBJ 波更大,长周期成分更多,使得 KOBE 波作用下结构位移响应更大。

因此,在进行钢管混凝土格构式桥墩的抗震设计时,应根据桥梁抗震设防分类和桥址的场地类型,采用多组设计加速度时程进行弹塑性时程分析,以考虑地震动的随机性。

5.3 钢管混凝土格构式桥墩强度与变形验算方法的初步讨论

目前我国《公路桥梁抗震设计规范》JTG/T 2231-01—2020[11]、《城市桥梁抗震设计规范》CJJ 166—2011[55]均根据两水平设防、两阶段设计的抗震设计思想,采用强度与变形双重指标控制桥墩在 E1 多遇地震和 E2 罕遇地震作用下的抗震设计。但上述规范只针对常规的钢筋混凝土桥墩给出了塑性铰区域承载力和桥墩墩顶容许位移的计算方法,并未对地震作用下钢管混凝土格构式桥墩的强度和变形做出规定。

因此,本节提取了拟动力试验各工况正负方向上最大响应位移点的位移值和荷载值,并与拟静力试验得到的荷载-位移骨架曲线进行对比,如图 5-10(a) 所示。可以看出,不同地震工况下钢管混凝土格构墩的最大响应点与拟静力试验得到的荷载-位移骨架曲线基本重合,说明在目前我国桥梁抗震设计规范还未明确给出此类结构验算公式的情况下,可遵循结构抗震能力须大于抗震需求的原则,通过比较地震作用下结构最大响应点与骨架曲线上屈服点、峰值点的位置,来判断结构是否处于弹性工作状态,或是进入弹塑性工作状态,甚至是否已出现劣化等。

为进一步定量评估钢管混凝土格构式桥墩的抗震性能,一方面,本节通过借鉴《钢管混凝土结构技术规范》GB 50936—2014[20]中钢管混凝土构件在复杂受力状态下的承载力计算方法,按下列公式计算强度验算系数 c_b,进行地震作用下钢管混凝土格构式桥墩的强度验算:

$$c_b = \frac{N}{N_u} + \frac{M}{\left(1 - \varphi \dfrac{N}{N_E}\right) M_u} + \left(\frac{V}{V_u}\right)^2 \tag{5-2}$$

$$N_u = \varphi f_{sc} \Sigma A_{sci} \tag{5-3}$$

$$N_E = \frac{\pi^2 E_{sc} \Sigma A_{sci}}{1.1 \lambda_y^2} \tag{5-4}$$

$$M_u = W_{scy} f_{sc} \tag{5-5}$$

$$V_u = 0.71 f_{sv} \Sigma A_{sci} \tag{5-6}$$

式中:N、V、M——分别为地震作用下验算截面的轴力、剪力、弯矩设计值;轴力设计值 N 为施加在墩顶的竖向力与结构自重之和;剪力设计值 V 取试验得到的墩底最大剪力;弯矩设计值 M 是墩顶水平力与竖向轴力共同作用下墩底塑性铰区域的最大弯矩;

N_u、V_u、M_u——分别为钢管混凝土格构墩的轴压稳定、受剪、受弯承载力设计值;

N_E——欧拉临界力;

φ——根据换算长细比确定的轴心受压构件稳定系数；

f_{sc}——钢管混凝土的抗压强度设计值，$f_{sc}=(1.212+1.152\theta-0.136\theta^2)f_c$；

f_{sv}——钢管混凝土的抗剪强度设计值，$f_{sv}=1.547f_s\alpha_{sc}/(\alpha_{sc}+1)$；

f_s、f_c——分别为钢管和混凝土的抗压强度设计值；

E_{sc}、α_{sc}、θ——分别为钢管混凝土的组合弹性模量、含钢率与套箍系数；

λ_y——钢管混凝土格构墩对 y-y 轴的长细比，$\lambda_y=L_{0y}/\sqrt{I_{sc}/\sum A_{sci}}$；

λ_{0y}——钢管混凝土格构墩对 y-y 轴的换算长细比，$\lambda_{0y}=\sqrt{\lambda_y^2+17\lambda_1^2}$；

λ_1——单肢钢管混凝土柱一个节间的长细比，$\lambda_1=l_1/\sqrt{I_{sci}/A_{sci}}$；

L_{0y}——钢管混凝土格构墩的计算长度；

l_1——钢管混凝土格构墩的柱肢节间距离；

A_{sci}、I_{sci}——分别为单肢钢管混凝土的截面面积和惯性矩；

I_{sc}、W_{scy}——分别为钢管混凝土格构墩对 y-y 轴的惯性矩和截面模量。

将拟动力试验各工况下钢管混凝土格构墩的强度验算结果示于图 5-10(b)，可以看出在多遇、基本、罕遇和极罕遇地震作用下，钢管混凝土格构墩的强度验算系数 c_b 均小于 1，强度验算系数 c_b 最大值为 0.611，说明钢管混凝土格构墩具有足够的设计强度和安全储备抵抗强震和主余震作用。

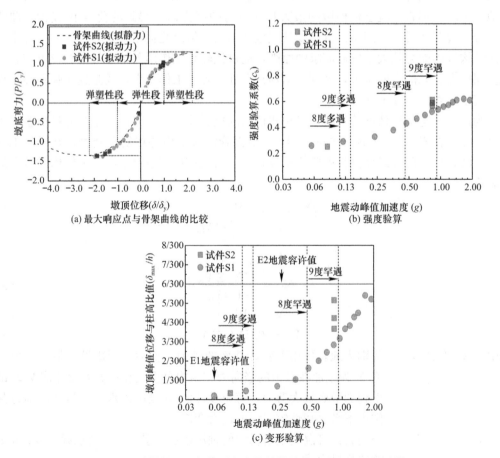

图 5-10 地震作用下钢管混凝土格构墩结构强度与变形的验算

另一方面，借鉴《钢管混凝土结构技术规范》GB 50936—2014[20]与《建筑抗震设计规范》GB 50011—2010[56]关于结构层间位移与层高之比的规定，进行钢管混凝土格构墩变形验算：在 E1 多遇地震作用下钢管混凝土格构墩墩顶最大水平位移与柱高之比值不宜大于 1/300；在 E2 罕遇地震作用下墩顶弹塑性位移与墩高的比值不宜大于 1/50。若将上述比值关系换算成与屈服位移相关的数值，那么对于本章采用的钢管混凝土格构墩，其 E1 多遇地震作用下墩顶最大水平位移的容许值为 $\delta_{a,E1}=h/300=0.36\delta_y$，E2 罕遇地震作用下为 $\delta_{a,E2}=h/50=2.17\delta_y$，小于拟静力试验得到的骨架曲线上峰值点的位移 $\delta_m=2.21\delta_y$，说明采用墩高的 1/50 作为 E2 罕遇地震下墩顶弹塑性位移的容许值是合理的。

图 5-10(c) 表明在 E1 地震（8 度多遇）作用下，钢管混凝土格构墩的墩顶最大水平位移均不超过墩高的 1/300；在 E2 地震（8 度罕遇）作用下，其墩顶最大水平位移达到 $0.59\delta_y$（墩高的 0.54%），远小于 E2 罕遇地震的容许值，结构仍处于弹性工作阶段；即使在 9 度极罕遇地震作用下，钢管混凝土格构墩的墩顶水平位移最大值 $1.96\delta_y$（墩高的 1.81%），仍小于 E2 罕遇地震的容许值 $2.17\delta_y$，说明钢管混凝土格构墩具有良好的变形能力，可满足罕遇地震下结构的抗震要求。

上述强度与变形验算结果表明，此类钢管混凝土格构式桥墩在经历多次强震后仍能保持一定的承载能力，具有足够的强度储备和良好的变形能力，满足 E1 多遇地震与 E2 罕遇地震下结构的抗震要求，在我国高烈度地区的桥梁工程中具有极大的应用前景。

第6章

钢管混凝土格构式桥墩的地震模拟振动台试验

与前述拟静力试验和拟动力试验不同,地震模拟振动台可以再现各种形式的地震动,模拟实际地震中前震、主震以及余震的全过程,使得研究人员可以考察结构在各个相应阶段的抗震性能,直观了解地震对结构产生的破坏现象。本章依托干海子特大桥,设计制作了几何缩尺比例为1:8的两跨钢管混凝土组合桁梁-混合墩模型,并利用福州大学的地震模拟振动台三台阵系统,开展基本动力特性试验和抗震性能试验,分析地震作用下采用钢管混凝土格构式桥墩的新型桥梁的地震响应特性。然后,在振动台试验的基础上,建立基于纤维梁单元的实桥有限元模型,分析该类桥梁在实际地震作用下的响应特性,讨论进入非线性后桥墩屈服顺序和内力重分布效应。

6.1 地震模拟振动台试验设计

6.1.1 依托背景工程

本次试验依托四川雅泸高速公路上的干海子特大桥为研究背景。该桥位于我国南北向地震带中南段,属强震到弱震活动的过渡带。干海子特大桥全长1811m,共三联36跨,第一联40.7m+9×44.5m+40.7m,第二联45.1m+3×44.5m+11×62.5m+3×44.5m+45.1m,第三联45.1m+4×44.5m+45.1m。图6-1示出了第二联的立面布置。

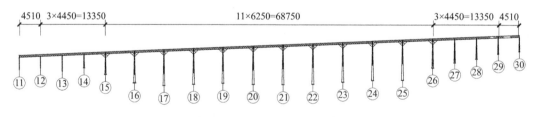

图6-1 干海子特大桥第二联立面布置示意图(单位:cm)

该桥上部采用了钢管混凝土桁架连续梁组合结构,主梁中心梁高440cm,节间间距为440cm,下弦管径ϕ813mm、腹管管径ϕ406mm,壁厚根据不同位置变化,钢管内灌注C60混凝土。当跨径大于50m时,在桥墩处加设托架。主梁横向为左、右分幅设计,每幅桥由钢管混凝土下弦、钢管腹杆及顶板组成三角形。主梁横断面布置如图6-2所示。

干海子特大桥下部根据不同的墩高采用了三种桥墩形式,当墩高小于30m时,采用双柱式钢筋混凝土墩;当墩高在20~70m时,采用钢管混凝土格构墩(2~9号墩、14~15号墩、26~30号墩);当墩高在70m以上时,采用钢管混凝土混合墩(16~25号墩)。

如图 6-3 所示,钢管混凝土混合墩采用四根 $\phi 813mm \times$ (12~16) mm 钢管,钢管内灌 C50 混凝土,从墩顶(盖梁下缘)往墩底纵桥向按 1:50 放坡。在墩底 30m 高度范围内,纵桥向采用厚 40cm 的钢筋混凝土板连接各钢管混凝土柱肢,横桥向增加"倒 V 形"钢管撑进行连接,同时在墩顶加设钢管斜撑托架与主梁连接。

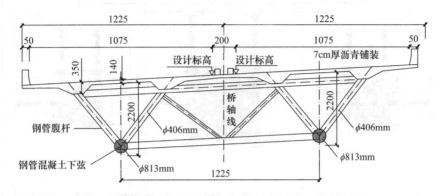

图 6-2 干海子特大桥主梁横断面一般构造图(单位:cm)

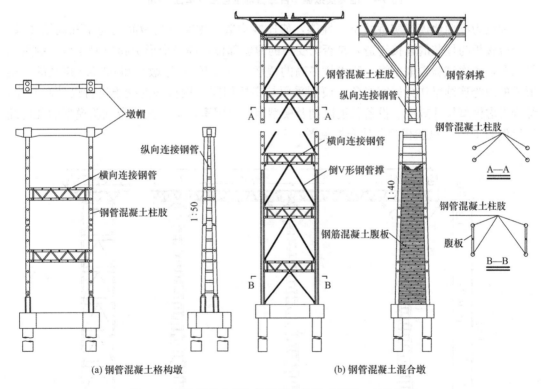

图 6-3 干海子特大桥钢管混凝土格构式桥墩一般构造图

6.1.2 缩尺模型设计

本次缩尺模型试验在福州大学的地震模拟振动台上进行。如图 6-4 所示,该地震模拟振动台三台阵系统主要包括三个水平三自由度振动台,其中间大台位置固定,尺寸为 4m×4m,最大载重 22t;两边小台可沿纵向导轨自由移动,尺寸为 2.5m×2.5m,最大载重 10t。单台移动距离最大可达 5.25m,使得整个系统的最大工作长度达 20.5m。台面满载情况下 X 向最大加速度可达 1.5g,Y 向最大加速度可达 1.2g,台面有效行程 ±250mm,频率范围 0.1~50Hz,可满足大部分周期波、随机波、地震波的输入。

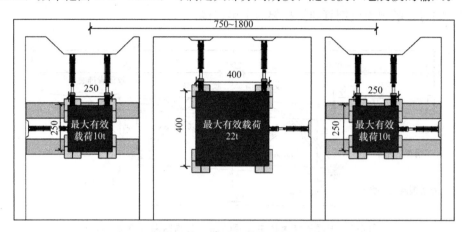

图 6-4 地震模拟振动台三台阵示意图(单位:cm)

为较为准确地模拟实桥的抗震性能,如连接构造(主梁与高墩间的托架和固结体系、混合墩腹板与柱肢的连接构造)是否为受力的薄弱部位,高墩变形引起的 $P\text{-}\Delta$ 效应的影响等问题,本次试验选取干海子特大桥最高的桥墩(第二联 20 号墩)和 62.5m 跨径的主梁形成的两跨连续梁作为研究对象。模型采用与实桥相同的钢材和混凝土进行设计和制作。综合考虑模型尺寸效应、设备长度限制及模型制作等因素,确定振动台试验模型的几何缩尺比例为 1∶8,试验模型总体布置见图 6-5。

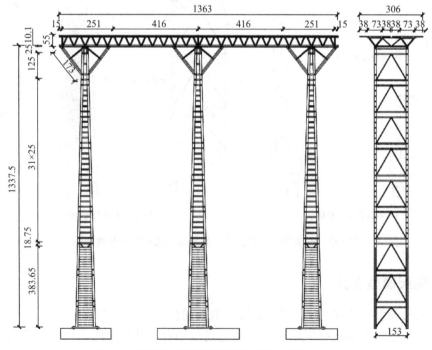

图 6-5 振动台试验缩尺模型示意图(单位:cm)

实桥使用的钢管混凝土混合墩的高度为90~107m，且由于横坡的影响使得左右幅墩高不同，为便于模型的加工制作，以最高107m的20号墩为原型，设计3个相同构造和尺寸的桥墩。按几何比例1∶8缩尺后，试验模型墩高为13.375m，墩底钢筋混凝土腹板高为3.84m。

实桥主梁最小弯曲半径为356m，按照1∶8比例缩尺后的弯桥模型与直桥模型相差不大，为方便模型制作，试验模型采用了直梁。实桥桥宽24.5、梁高4.4m，按照几何比例缩尺后试验梁桥宽3.06m，梁高0.55m。为保证主梁的有效长度，又要符合振动台相邻两台间距在3.75~9m的限制条件，最终确定了振动台试验模型主梁单跨6.665m，总长13.63m。试验主梁节间间距0.55m，共24个桁架节间，高跨比1∶12.1。

若将实桥各构件尺寸按比例严格缩尺，试验模型的构件尺寸会受市场材料限制无法制作，因此试验模型中的钢管均取最接近理论值的实际规格，最终桥墩钢管使用$\phi 102mm\times 2mm$，水平腹杆为$\phi 51mm\times 2mm$；主梁下弦管为$\phi 102mm\times 4mm$，腹杆为$\phi 51mm\times 3.5mm$，上弦管为$\phi 34mm\times 3mm$。同时，为兼顾布筋、结构构造及振捣施工等要求，将混凝土顶板厚度调整为5cm。

最终，设计完成后的缩尺模型加上振动台连接钢板的总质量为20.9t，满足振动台的载重限制。但由于模型体积较大，采用先分批制作构件、再组装成一体的做法。模型墩和梁通过吊装焊接后，整体吊装到振动台上，利用高强度螺栓将模型与振动台台面连接，从而固定试验模型。图6-6和图6-7分别为缩尺模型主梁和桥墩的制作流程。图6-8展现了

图6-6 试验缩尺模型主梁制作流程

图6-7 试验缩尺模型桥墩制作流程

(d) 腹板混凝土浇筑养护　　(e) 桥墩节段组装　　(f) 节段接头灌浆

图 6-7　试验缩尺模型桥墩制作流程（续）

(a) 桥墩架立　　(b) 主梁吊装　　(c) 墩梁节点焊接

(d) 模型整体起吊　　(e) 模型安装就位

图 6-8　试验缩尺模型的拼装与安装

制作完成后的缩尺模型拼装与安装的全过程。

6.1.3　试验加载工况

根据《中国地震动参数规划图》GB 18306—2015[53]和《公路桥梁抗震设计规范》JTG/T 2231-01—2020[11]的有关规定，干海子特大桥为 B 类桥梁，按照 8 度设防。桥址所处场地类别为Ⅲ类，地震动反应谱特征周期为 0.45s，对应地震基本烈度为Ⅷ度。场地基准期 50 年超越概率 10%的地震峰值加速度为 0.362g，设计加速度反应谱峰值为 0.481g。按照设计反应谱合成如图 6-9(a) 所示的实桥人工地震波 E1，峰值加速度为 0.161g，持时为 30s，对应的加速度反应谱绘于图 6-9(b)。由图可知，该人工地震波符合规范给定的设计加速度反应谱的要求。

对于高墩桥梁，墩顶位移对结构损伤起控制作用，位移为加速度对时间的二次积分得到，所以振动台试验中输入地震动采用与实桥设计地震动相同的强度，仅根据频率相似比对地震动时间进行压缩。本次试验缩尺模型采用和实桥原型相同的材料，且没有附加质量,故实桥原型和缩尺模型自振频率的理论相似比为1:8。根据频率相似比1:8,按照振动台系统输入格式的要求($dt=1/1024s$),对实桥原型采用的人工地震波进行压缩,调整后的人工地震波波形见图6-9(a),持时压缩为3.75s。

以地震动峰值加速度(PGA)为强度指标,对人工地震波E1的加速度时程曲线进行强度调整,从$0.05g$开始逐级增加,直至振动台所能施加的最大加速度值。地震动输入方向根据加载工况分别设置为纵桥向、横桥向、双向(纵桥向+横桥向)。由于福州大学的振动台液压加载系统是通过静压轴承与台面连接,使得振动台存在最大倾覆力矩的限制,其中大台倾覆力矩为800kN·m、小台倾覆力矩为300kN·m。由于本次试验模型高度达到13.375m,施加强度过大的地震波可能使振动台有倾覆的危险,因此,通过调试得到该缩尺模型所在振动台的最大输入加速度,纵桥向为$0.50g$,横桥向为$0.22g$。

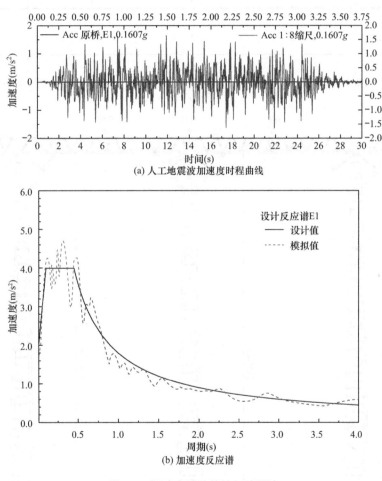

图6-9 振动台试验的输入地震波

6.1.4 试验测点布置

本次试验对钢管混凝土桁式主梁和混合墩的位移、应变和加速度进行了测量。

如图6-10所示,位移测点布置在主梁混凝土顶板两个跨中处和桥墩墩顶处,共计8个位移测点。由于模型高度较高,不便于搭设支架以安装常规位移传感器,因此本次试验采用高速相机进行动位移的量测。试验现场位移测点的布置照片见图6-11。

如图6-12所示,本次试验采用应变片测量主梁钢管斜撑、桥墩柱肢斜撑、钢筋混凝土腹板、墩底以及腹板底部等关键截面的应变,共计60个应变测点。

如图6-13所示,为测量缩尺模型在纵桥向和横桥向地震动作用下的加速度响应,加速度传感器布置在混凝土顶板、柱肢斜撑、中部、钢筋混凝土腹板,振动台台面,共计30个加速度测点。

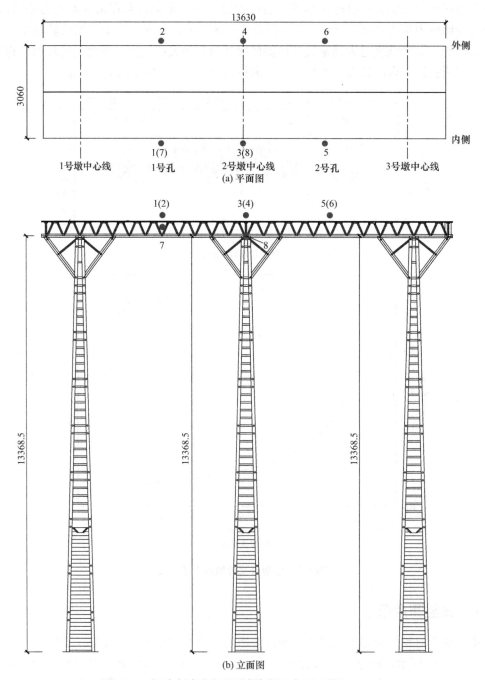

图6-10 振动台试验位移测点布置示意图(单位:mm)

(a) 主梁桥面板测点　　　　　　　　(b) 墩顶测点

图 6-11　振动台试验高速相机位移测点

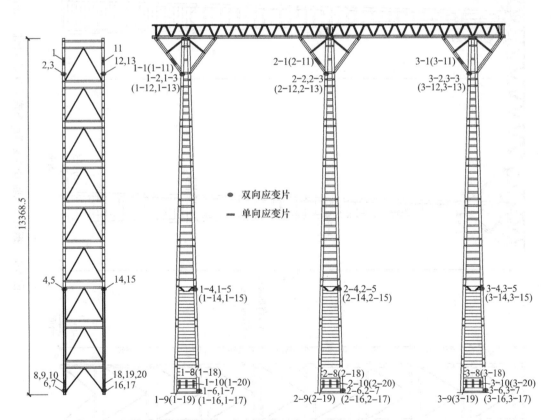

图 6-12　振动台试验应变测点布置示意图（单位：mm）

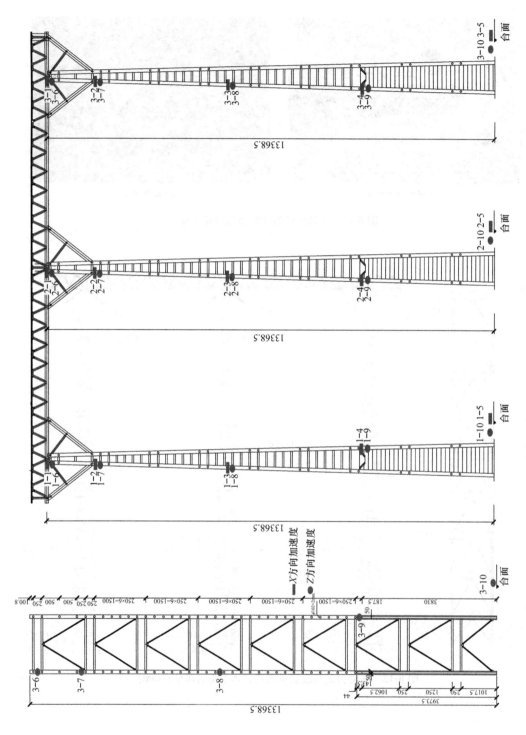

图 6-13 振动台试验加速度测点布置示意图（单位：mm）

6.2 基本动力特性分析

6.2.1 缩尺模型的振动模态

本次试验首先通过白噪声扫描,获取缩尺模型的频率和阻尼比等基本动力特性。白噪声分别按照纵桥向、横桥向、双向输入,得到的位移曲线和加速度曲线的频谱分析结果示于图 6-14。由图 6-14 可以看出,无论是加速度响应还是位移响应算出的功率谱,分析得到的试验缩尺模型的固有频率相同,均为面内一阶频率 1.45Hz,面外一阶频率 2.10Hz。表 6-1 列出了试验缩尺模型的实测振型。采用半功率带宽法得到了面内一阶模态和面外一阶模态的阻尼系数分别为 0.014 和 0.019。

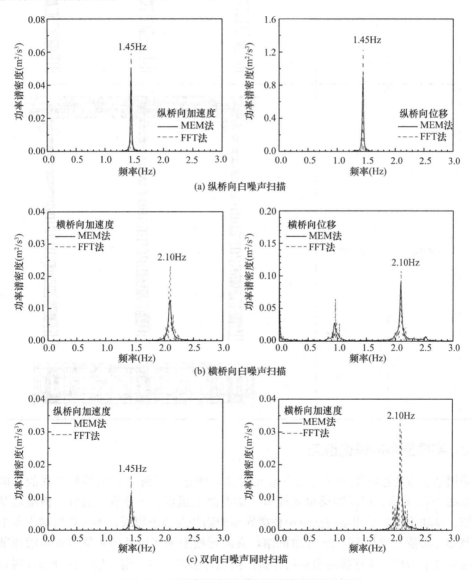

图 6-14 白噪声激励下试验缩尺模型的功率谱

振动台试验缩尺模型实测模态　　　　　　　表 6-1

阶数	频率（Hz）	阻尼比	模态
1	1.45	0.014	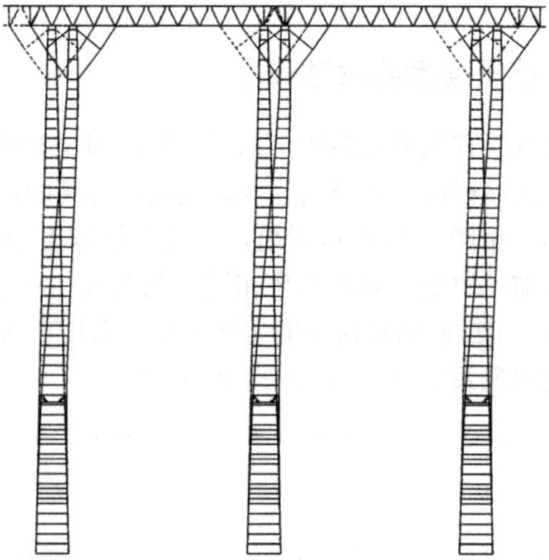
2	2.10	0.019	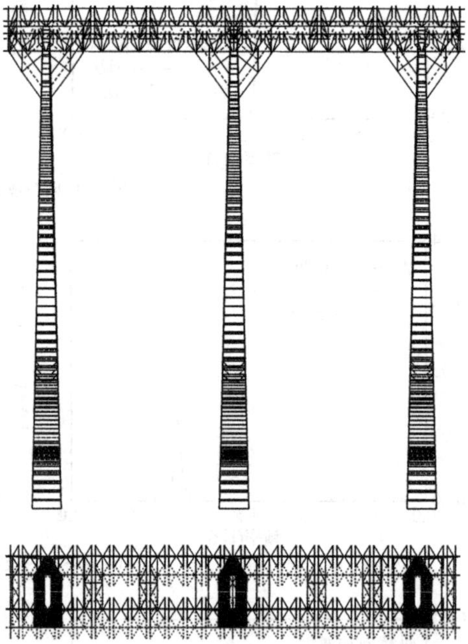

6.2.2 实桥原型的理论模态

采用第 3 章所述纤维单元杆系有限元建模方法建立干海子特大桥第二联的有限元模型，如图 6-15 所示。用纤维梁单元模拟主梁混凝土顶板、下弦管、腹杆、横梁以及桥墩的柱肢、横联钢管，采用梁格法模拟桥墩底部的钢筋混凝土腹板，不考虑桥墩下部的承台和桩基础。实桥主梁与 15～26 号墩固结，有限元模型中将该处的主梁节点与墩顶节点刚性连接，其余采用支座连接的节点用弹簧连接进行模拟，弹簧刚度按照设计文件提供的数值进行取值。分析时采用子空间法求解特征值。

表 6-2 列举了干海子特大桥第二联有限元模型计算得到的前两阶理论模态，面内一阶模态为纵桥向一阶飘浮，频率为 0.194Hz；面外一阶模态为横桥向一阶对称，频率为 0.274Hz。比较表 6-1 与表 6-2，可以看出试验缩尺模型与实桥原型的面内基频比值为 1∶7.47，振型均为纵桥向一阶漂浮；面外基频的比值为 1∶7.66，振型均为横桥向一阶对称。试验模型缩尺与实桥原型的频率比值与理论频率相似比 1∶8 较接近，验证了本章 6.1.2 节进行缩尺模型设计时得到的理论频率相似比的正确性。

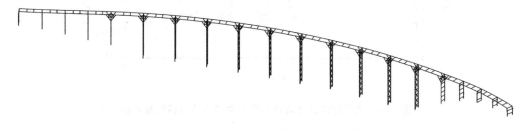

图 6-15　干海子特大桥第二联有限元模型

干海子特大桥第二联桥梁的理论模态　　　　　　表 6-2

阶数	频率（Hz）	模态
1	0.194	
2	0.274	

6.3　振动台抗震性能试验结果分析

6.3.1　横桥向地震动作用工况

在 PGA 为 0.16g（实桥地震强度）的横桥向地震动作用下，试验缩尺模型 2 号墩的墩顶横桥向实测位移曲线如图 6-16 所示。同时，将实桥数值模型在横桥向地震动作用下 20 号墩的横桥向位移响应时程曲线也示于该图。可以看出，当在横桥向作用相同强度的地震动时，试验缩尺模型和实桥数值模型的墩顶位移比值近似满足位移理论相似比 $1/8^2$ 的关系。因此，将地震动的持时和间隔按照 1∶8 进行压缩并输入地震模拟振动台中，这样得到的试验缩尺模型横桥向动力响应可以比较准确地反映实桥原型的横桥向地震响应特性。

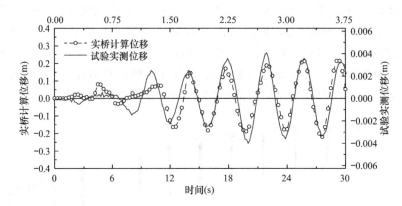

图 6-16 横桥向设计地震动作用下中墩墩顶位移时程曲线

表 6-3 列出了 PGA 为 $0.16g$ 的地震动作用于横桥向时试验缩尺模型中墩各应变测点的竖向应变峰值。可以看出,因施加的横桥向地震动强度较小,各测点应变值变化不明显。横桥向柱肢为直立、截面规则,横桥向地震动作用下柱肢应变沿高度方向越低应变越大,在混凝土腹板顶部附近应变达到最大;由于位于墩底的混凝土腹板分担了一部分内力,使得钢管混凝土柱肢的应变有所减小。因此,桥墩混凝土腹板顶部位置为钢管混凝土混合墩的控制截面,该位置应变峰值小于应变限值,也反映出实桥在横桥向设计地震动作用下桥墩并未出现屈服。

横桥向设计地震动作用下试验模型中墩应变测点峰值响应　　表 6-3

位置	竖向应变峰值（$\mu\varepsilon$）
斜撑	38
柱肢斜撑	45
柱肢腹板顶	54
柱肢底部	46
腹板底混凝土	30
腹板底钢筋	48

图 6-17 比较了在横桥向作用不同强度地震动时得到的试验缩尺模型中墩墩顶横桥向

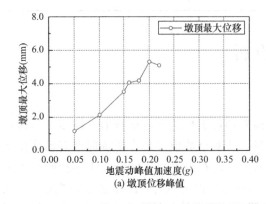
(a) 墩顶位移峰值

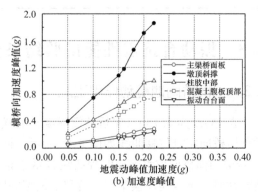
(b) 加速度峰值

图 6-17 横桥向地震动作用下试验缩尺模型中墩位移和加速度峰值

位移响应峰值和横向加速度峰值。可以看出，墩顶横向位移随地震动强度增加而逐渐增大；台面加速度峰值与输入地震动强度接近；柱肢斜撑、柱肢中部和钢筋混凝土腹板位置处的加速度出现了明显的放大；混凝土顶板与振动台台面加速度峰值较接近，说明钢管混凝土格构式桥墩具有良好的减震性能。

6.3.2 纵桥向地震动作用工况

在 PGA 为 $0.16g$（实桥地震强度）的纵桥向地震动作用下，试验缩尺模型 2 号墩的墩顶纵桥向实测位移曲线如图 6-18 所示。同时，将实桥数值模型在纵桥向地震作用下 20 号墩的纵桥向位移响应时程曲线也示于该图。可以看出，当在纵桥向作用相同强度的地震动时，试验缩尺模型和实桥数值模型的墩顶位移比值近似满足位移理论相似比 $1/8^2$ 的关系。因此，与按照 $1:8$ 时间相似比处理横桥向地震动一样，将纵桥向地震动进行压缩并试验得到的缩尺模型纵桥向动力响应可以比较准确地反映实桥原型的纵桥向地震响应特性。

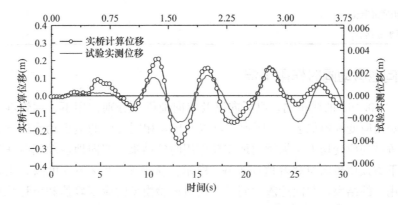

图 6-18 纵桥向设计地震动作用下中墩墩顶位移时程曲线

图 6-19 为不同强度地震动作用于试验缩尺模型的纵桥向时，中墩墩顶纵桥向位移峰值和加速度峰值。可以看出，台面加速度峰值与输入地震动强度接近；纵桥向地震动作用下，纵桥向位移峰值随地震动强度增加而逐渐增大；与横桥向地震响应特性类似，在桥墩柱肢中部加速度放大现象最为明显，钢管混凝土混合墩通过格构段区域的振荡，减小了主

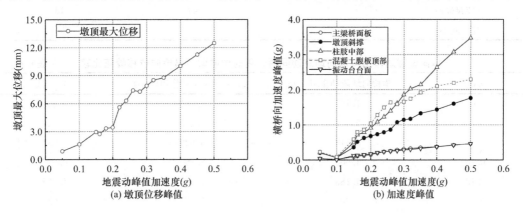

图 6-19 纵桥向地震动作用下试验缩尺模型中墩位移和加速度峰值

梁的振动，说明钢管混凝土格构式桥墩具有良好的减震性能。

表 6-4 为 PGA 为 $0.50g$ 的地震动作用于纵桥向时中墩各测点的应变峰值。可以看出，因为钢管混凝土柱肢在纵桥向沿高度方向有 $1:40$ 的放坡，且墩顶增设了斜撑、墩底设置了钢筋混凝土腹板，使得柱肢竖向应变在墩顶斜撑和混凝土腹板顶部等位置处的应变较大，且竖向应变大于纵向应变。布置在试验模型桥墩上的各测点应变峰值均没有超过材料的应变限值，说明在实桥设计地震强度 3 倍的地震动作用于纵桥向时，钢管混凝土格构式桥墩依然处于弹性工作状态。

纵桥向设计地震动作用下试验缩尺模型中墩应变测点峰值响应　　　　　表 6-4

位置	纵向应变峰值($\mu\varepsilon$)	竖向应变峰值($\mu\varepsilon$)
斜撑	—	32
柱肢斜撑	33	117
柱肢腹板顶	18	99
柱肢底部	13	85
腹板底混凝土	—	48
腹板底钢筋	—	31

6.3.3　双向地震动同时作用工况

在 PGA 为 $0.16g$ 的横桥向、纵桥向以及双向地震动分别作用下，钢管混凝土格构式桥墩的柱肢竖向应变峰值如表 6-5 所示。可以看出，相同强度的地震动作用下，横桥向地震动作用时桥墩的应变均大于纵桥向地震动作用时的结果。双向地震动同时作用和横桥向地震动作用下墩顶横桥向位移峰值如表 6-6 所示。从表 6-5 和表 6-6 可以看出，相比横桥向地震动作用下的结果，双向地震动同时作用时试验模型的应变峰值和位移峰值变化不超过 8%。因此，对于此类钢管混凝土组合桁梁-格构式桥墩轻型桥梁，在非线性地震计算中可不考虑纵桥向与横桥向地震动共同作用的影响。

单向地震动作用与双向地震动同时作用时中墩测点竖向应变峰值比较　　　　　表 6-5

位置	纵桥向($\mu\varepsilon$)	横桥向($\mu\varepsilon$)	双向同时($\mu\varepsilon$)
柱肢斜撑	24	34	40
柱肢腹板顶	26	44	43
柱肢底部	23	55	54

单向地震动作用与双向地震动同时作用时中墩墩顶横桥向位移峰值比较　　　　　表 6-6

PGA(g)	(1) 横桥向地震动作用(mm)	(2) 双向地震动作用(mm)	(2)/(1)
0.05	1.166	1.161	0.996
0.10	2.137	2.239	1.048
0.15	3.518	3.626	1.031
0.16	4.062	3.760	0.926
0.18	4.183	4.315	1.032
0.20	5.305	5.577	1.051
0.22	5.090	5.457	1.072

6.4 实桥非线性地震响应分析

由于受到振动台模型尺寸效应、设备长度限制及模型制作等因素的限制,上述干海子特大桥的试验缩尺模型为两跨钢管混凝土桁梁-混合墩直梁桥模型,且只能开展水平向地震动作用试验,无法充分反映作为长联弯桥的实桥在强地震作用下的地震响应特性,尤其是竖向地震动的影响不能忽视。因此,本节在前述振动台试验的基础上,采用 6.2.2 节建立的实桥有限元模型,进一步深入分析该类桥梁的非线性地震响应特性。

6.4.1 设计地震动作用下的地震响应特性

6.4.1.1 最不利水平地震动输入方向

由于干海子特大桥为长联弯桥,在进行充分的地震响应分析时首先要确定弯桥的水平最不利地震动输入方向。以第二联中墩高最高的钢管混凝土混合墩柱肢钢管边缘应变峰值为判断标准,假设桥梁两端支座连线方向为 0°,将水平设计地震动沿逆时针方向以 30°为间隔分别输入计算,包括 0°、30°、60°和 90°四个工况。图 6-20 为计算得到的墩高最高 20 号混合墩柱肢钢管边缘应变峰值沿高度方向的变化规律。图 6-21 为不同角度水平地震动作用下各墩最不利截面钢管柱肢边缘应变峰值。可以看出,在水平地震动方向 90°时,柱肢钢管边缘应变峰值在混凝土腹板顶部位置达到最大。同时,钢管混凝土格构墩的最不利截面在柱肢底层钢管桁架位置,钢筋混凝土墩最不利截面位于墩底。

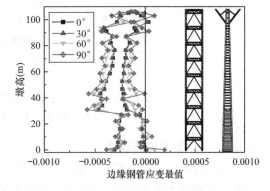

图 6-20 墩高最高 20 号混合墩柱肢钢管边缘应变峰值

因此,干海子特大桥的最不利水平地震动输入方向为该联两端支座连线的法线方向。

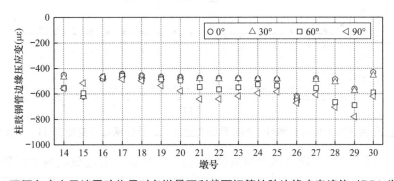

图 6-21 不同角度水平地震动作用时各墩最不利截面钢管柱肢边缘应变峰值(PGA 为 0.16g)

6.4.1.2 竖向地震动的影响

为讨论竖向地震动对干海子特大桥地震响应的影响,根据《公路桥梁抗震设计规范》JTG/T 2231-01—2020[11] 的有关规定,分析时取竖向地震动强度为水平地震动的 0.65 倍。图 6-22 为干海子特大桥实桥有限元模型在水平地震动和水平+竖向地震动作用下各墩墩底轴力 N 与初始轴力 N_0 的比较(N/N_0-1)。由图可知,水平地震动作用下钢管混凝土格构墩墩底截面的轴力增幅在20%以上,而钢管混凝土混合墩墩底截面的轴力增幅在40%以上;考虑竖向地震动作用后,27~30号钢管混凝土格构墩墩底截面的轴力增幅超过40%,22号钢管混凝土混合墩墩底截面的轴力增幅超过80%,即高墩轴力受竖向地震动影响明显。

桥墩是典型的压弯构件,当截面轴力发生明显变化时,构件的受弯承载力也会受到显著影响。因此,在进行干海子特大桥此类高墩桥梁的地震响应分析时需要考虑竖向地震动的影响。本章在随后的分析中均采用水平最不利方向地震动+竖向地震动同时作用的地震作用组合。

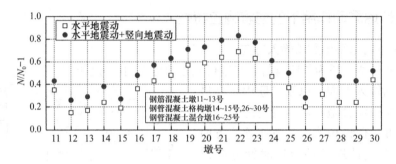

图 6-22 考虑竖向地震动后干海子特大桥各桥墩墩底轴力（N）与初始轴力（N_0）的比较（PGA 为 0.16g）

6.4.1.3 荷载与位移响应

在设计地震动荷载组合作用下,干海子特大桥各桥墩最不利截面钢管边缘或最外侧钢筋的应变峰值示于图 6-23。图中纵坐标为钢材应变峰值与钢材屈服应变的比值。可以看出,各桥墩最不利截面的应变均未达到钢材屈服应变,说明结构安全性能良好,处于弹性工作阶段。

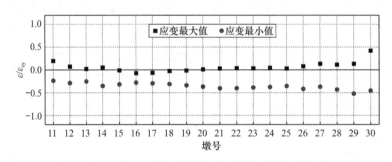

图 6-23 干海子特大桥各桥墩最不利截面钢管边缘或最外侧钢筋应变峰值（PGA 为 0.16g）

图 6-24 为钢管混凝土混合墩中应变值最大的21号墩的关键截面内力时程曲线。由图可知,由于钢管斜撑分担了墩顶内力,墩顶截面轴力和弯矩很小;钢管斜撑处面内弯矩和面外弯矩相差不大;在混凝土腹板处和墩底截面,面内弯矩比面外弯矩大得多,且墩底截面面内弯矩比混凝土腹板大,说明桥墩以面内受力为主。

图 6-25 绘制了干海子特大桥各桥墩在设计地震动荷载组合作用下的墩顶横桥向、纵桥向最大位移,以及《公路钢管混凝土桥梁设计与施工指南》[57]中规定的位移限值,即在E1多遇地震作用下,墩顶水平位移与墩高之比值不宜大于1/300。由图可以看出,除了

30号钢管混凝土格构墩的墩顶横桥向最大位移略大于位移限值外,其余桥墩在设计地震动荷载组合作用下的墩顶最大位移均满足要求。

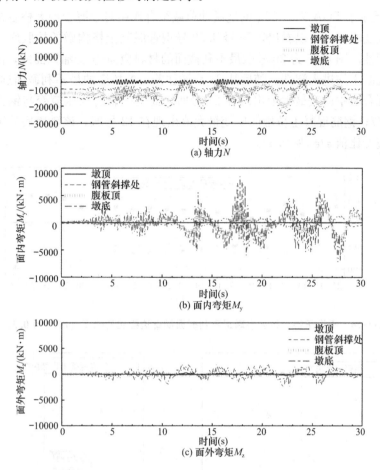

图6-24 干海子特大桥21号墩柱肢关键截面内力时程曲线(PGA为0.16g)

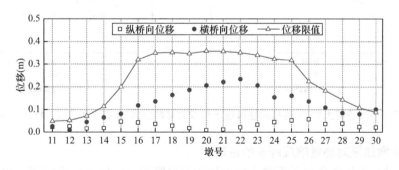

图6-25 干海子特大桥各桥墩墩顶位移峰值(PGA为0.16g)

6.4.2 非线性地震响应与抗震能力分析

6.4.2.1 桥墩屈服顺序

以地震动峰值加速度(PGA)为强度指标,按0.02g增幅逐级加大地震动强度,对干海子特大桥有限元模型进行强震作用下的非线性时程分析,进一步讨论各桥墩的屈服顺序。

图6-26展示了PGA为0.32g的地震动荷载组合作用时干海子特大桥各桥墩最不利截面钢管边缘应变峰值。可以看出,29号和30号钢管混凝土格构墩的柱肢底层钢管桁架位置最先进入塑性。图6-27为29号墩最不利截面的材料应力-应变滞回曲线,由图可知柱肢钢管和管内混凝土均进入塑性。随后从28号墩往前,各桥墩的最不利截面逐渐进入塑性。钢管混凝土混合墩中应变最大值出现在21号墩,此处钢管边缘压应变与钢管屈服应变比值$\varepsilon/\varepsilon_{sy}$为0.67;钢筋混凝土桥墩的应变最大值出现在12号墩,该墩墩底外围钢筋压应变与钢筋屈服应变比值$\varepsilon/\varepsilon_{sy}$为0.44。

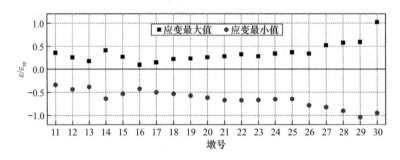

图6-26 干海子特大桥各桥墩最不利截面钢管边缘应变峰值(PGA为0.32g)

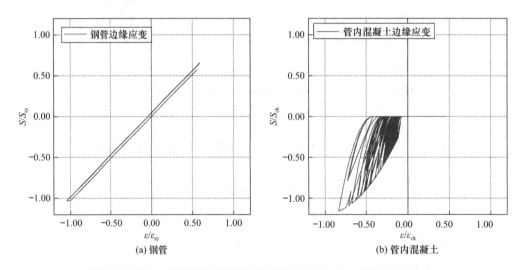

(a) 钢管 (b) 管内混凝土

图6-27 干海子特大桥29号桥墩柱肢最不利截面材料应力-应变滞回曲线(PGA为0.32g)

6.4.2.2 桥墩屈服对地震响应峰值的影响

本节通过分析强震作用下干海子特大桥桥墩屈服前后的地震响应峰值变化,讨论桥墩进入塑性后产生的内力重分布效应。

首先,基于前述分析,分别以最不利地震组合作用下最先进入塑性的29号钢管混凝土格构墩和柱肢钢管应变最大的21号钢管混凝土混合墩为对象进行分析。图6-28和图6-29分别是29号格构墩和21号混合墩在设计地震动(PGA为0.16g)和两倍强度设计地震动(PGA为0.32g)作用下的结构应力和内力包络图。

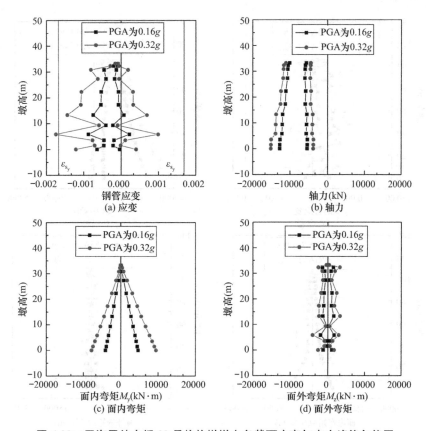

图 6-28　干海子特大桥 29 号格构墩墩身各截面应变与内力峰值包络图

由图 6-28 可以看出，在 29 号格构墩墩底钢管桁架处，钢管应变超过屈服应变，同时墩底和其余钢管桁架位置应变增幅较大，且面内弯矩及其增幅均大于面外弯矩。由图 6-29 可以看出，当 21 号混合墩进入塑性后，桥墩最不利截面由混凝土腹板顶部位置转移到上一层钢管桁架位置，其余截面仍有较大富余度；墩底腹板区域面内弯矩增幅明显，面内弯矩数值和增幅均大于面外弯矩，说明腹板能有效地分担柱肢内力，保护混合墩中上部的格构段，有利于此类高墩桥梁抗震。

然后，将两倍强度设计地震动（PGA 为 $0.32g$）作用下干海子特大桥各桥墩产生的最大轴力和面内弯矩除以设计地震动（PGA 为 $0.16g$）作用下的结果，得到图 6-30。由图 6-30 可知，虽然输入的地震动峰值加速度增加了 1 倍，但是各桥墩产生的最大轴力和面内弯矩增幅与地震动强度增幅不等，其中各桥墩的轴力增幅均小于 1.5 倍，而相比格构墩和钢筋混凝土桥墩，混合墩面内弯矩增幅明显，尤以 20 号墩墩底面内弯矩增幅最大，达到 3.57 倍。此外，不难发现干海子特大桥的高墩面内弯矩增幅大于低墩，即可充分利用高低墩的刚度差异，合理分配地震力，从而有利于全桥的抗震。

由图 6-25 可知，在最不利水平地震动与竖向地震动的组合作用下，干海子特大桥各桥墩墩顶横桥向位移响应较大。因此，本节将两倍强度设计地震动（PGA 为 $0.32g$）作用下干海子特大桥各桥墩墩顶横桥向位移响应峰值除以设计地震动（PGA 为 $0.16g$）作用下的结果，得到图 6-31。由图 6-31 可知，当采用诸如干海子特大桥此类轻型桥梁结构后，各桥墩墩顶位移响应峰值的增幅基本都大于地震动强度的增幅，其中 28 号格构墩的位移增幅达到 2.98 倍。

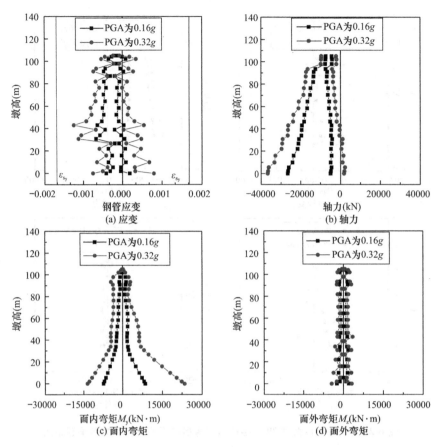

图 6-29　干海子特大桥 21 号混合墩墩身各截面应变与内力峰值包络图

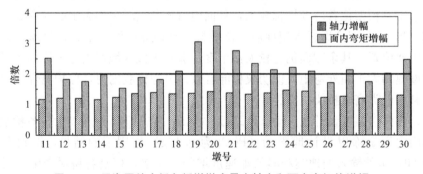

图 6-30　干海子特大桥各桥墩墩底最大轴力和面内弯矩值增幅

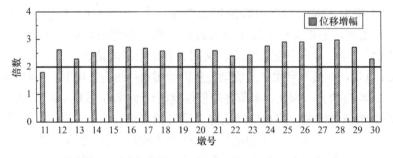

图 6-31　干海子特大桥各桥墩墩顶横桥向位移峰值增幅

6.5 振动台试验结果小结

本章依托干海子特大桥作为工程背景,进行了两跨钢管混凝土组合桁梁-格构式桥墩轻型桥梁模型的设计制作和振动台加载试验,以及干海子特大桥实桥的非线性地震响应分析,得到如下结论:

(1) 通过白噪声扫描,对位移和加速度曲线进行频谱分析,结果与理论频率相似比接近,模型面内一阶和面外一阶振型均与实桥相同;横桥向地震和纵桥向地震单独作用下,墩顶位移近似满足位移相似比关系,进一步验证了理论频率相似比的正确性。

(2) 横桥向地震作用下,柱肢斜撑、柱肢中部和腹板位置加速度出现了明显的放大,主梁混凝土顶板加速度峰值与输入地震动强度较为接近;混凝土腹板顶部为控制截面。纵桥向地震作用下,桥墩通过格构式区域的振荡,减小了主梁的振动。柱肢竖向应变大于纵向应变,在墩顶斜撑和混凝土腹板顶部应变较大。

(3) 双向地震作用下,应变和位移与横桥向地震作用下的数值变化不超过 8%,可以不考虑纵、横地震力共同作用;当地震动强度相同时,横桥向地震作用下桥墩应变大于纵桥向地震作用的结果;长联弯桥的最不利水平地震动输入方向为该联两端支座连线的法线方向。

(4) 干海子特大桥高墩轴力受竖向地震动影响明显,地震响应分析中需采用水平最不利方向地震动+竖向地震动同时作用的地震作用组合。

(5) 在设计地震动(PGA 为 $0.16g$)作用下,干海子特大桥各桥墩最不利截面应变均未进入屈服,桥梁处于弹性工作状态,墩顶横桥向和纵桥向位移峰值均小于现行设计规范规定的位移限值,表明钢管混凝土组合桁梁-格构式桥墩轻型桥梁具有良好的抗震性能。

(6) 在两倍强度设计地震动(PGA 为 $0.32g$)作用下,干海子特大桥 29 号和 30 号格构墩墩底钢管桁架位置首先进入塑性,随后从 28 号格构墩往前,各桥墩逐渐进入塑性。结构进入塑性后,格构墩和混合墩的面内弯矩及增幅均大于面外弯矩,说明桥墩以面内受力为主;墩顶位移增幅大于地震动增幅,而轴力增幅小于地震动增幅;高墩面内弯矩增幅大于低墩,说明可充分利用高低墩的刚度差异,合理分配地震力,从而有利于全桥抗震。

第7章

钢管混凝土格构式桥墩的非线性地震响应分析

抗震设计除了要确定有利于抗震的方案外,还要通过地震反应分析,求出结构的最大内力和变形响应。时程分析法可以了解结构在地震持时内的结构响应,使得抗震设计从单一强度指标控制转变为强度、变形的双重指标控制。本章针对具有不同腹板高度系数的钢管混凝土格构式桥墩,以地震动特性和关键构造尺寸为主要参数进行此类新型组合结构桥墩的非线性时程分析,研究 E1 多遇地震和 E2 罕遇地震作用下钢管混凝土格构式桥墩的非线性地震响应特性。

7.1 非线性时程分析参数设置

在第 4 章建立的腹板高度系数 $\kappa=0.0$、0.3、0.5 和 0.7 的钢管混凝土格构式桥墩有限元模型基础上,本章开展 E1 多遇地震和 E2 罕遇地震作用下非线性时程响应分析。在进行计算分析时,在桥墩有限元模型的墩顶设置集中质量以模拟上部结构,并将瑞利阻尼应用于模型中。

由第 5 章和第 6 章研究可知,结构在地震作用下的反应,除了与自身的动力特性有关,地震动的选择也会对桥梁结构的地震响应产生较大影响。不同地震动会引发结构产生不同的反应,一条地震动只能反映出结构随机响应的单一样本。为充分考虑地震动随机性对桥墩地震反应的影响,根据实际工程场地的 E1 多遇地震和 E2 罕遇地震的设计反应谱,本节从美国太平洋地震工程研究中心的 Peer NGA-West2 数据库中选取了 10 组地震动,地震动的基本信息如表 7-1 所示。

表 7-1 中所选取的地震动的矩震级 M_w 在 6.60~7.01 的范围内,离断裂区域最近的距离 R_{rup} 在 10.27~41.68km 的范围内,阿里亚斯强度在 5%~95% 之间的显著持续时间 $D_{a5\sim95}$ 都小于 20s。按比例调幅后的 E1 多遇地震的地震动最大峰值加速度(PGA)在 $0.210g\sim0.289g$ 的范围内,E2 罕遇地震的地震动最大峰值加速度(PGA)在 $0.359g\sim0.536g$ 的范围内。限于篇幅,本书仅示出 E1 多遇地震和 E2 罕遇地震各 3 条地震动加速度时程曲线,分别如图 7-1 和图 7-2 所示。

时程分析使用的地震动基本信息 表 7-1

等级	年份	地震名	记录号	M_w	R_{rup} (km)	$D_{a5\sim95}$ (s)	比例因子	调幅后的 PGA (g)
E1	1981	Corinth	313	6.60	10.27	15.4	1.22	0.289
	1989	Loma Prieta	735	6.93	41.68	16.0	1.83	0.287

续表

等级	年份	地震名	记录号	M_w	R_rup (km)	$D_{a5\sim95}$ (s)	比例因子	调幅后的 PGA (g)
E1	1989	Loma Prieta	755	6.93	19.97	15.7	1.67	0.254
	1989	Loma Prieta	762	6.93	39.32	18.2	2.24	0.283
	1989	Loma Prieta	775	6.93	29.54	16.3	5.81	0.210
	1992	Cape Mendocino	827	7.01	15.97	18.7	1.84	0.214
	1994	Northridge	1083	6.69	12.38	15.9	1.94	0.258
	2007	Chuetsu-oki Japan	45850	6.80	13.68	16.8	0.88	0.275
	2008	Iwate Japan	5778	6.90	40.98	16.3	1.18	0.261
	2008	Iwate Japan	5806	6.90	22.41	17.4	1.18	0.280
E2	1989	Loma Prieta	731	6.93	41.71	16.5	3.86	0.397
	1989	Loma Prieta	735	6.93	41.68	16.0	3.42	0.536
	1989	Loma Prieta	762	6.93	39.32	18.2	3.87	0.490
	1989	Loma Prieta	787	6.93	30.62	12.7	2.17	0.423
	1989	Loma Prieta	812	6.93	33.87	16.8	4.66	0.376
	1992	Cape Mendocino	827	7.01	15.97	18.7	3.07	0.359
	1994	Northridge	1083	6.69	12.38	15.9	4.02	0.534
	1992	Cape Mendocino	3747	7.01	29.22	15.3	2.65	0.373
	1992	Cape Mendocino	3748	7.01	16.64	13.6	1.10	0.413
	1992	Cape Mendocino	3750	7.01	23.46	15.3	1.53	0.407

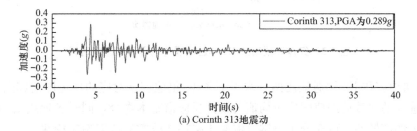

(a) Corinth 313 地震动

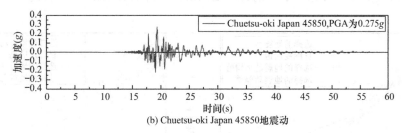

(b) Chuetsu-oki Japan 45850 地震动

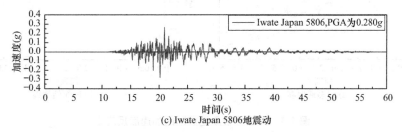

(c) Iwate Japan 5806 地震动

图 7-1 经过调幅后的 E1 多遇地震的地震动加速度时程

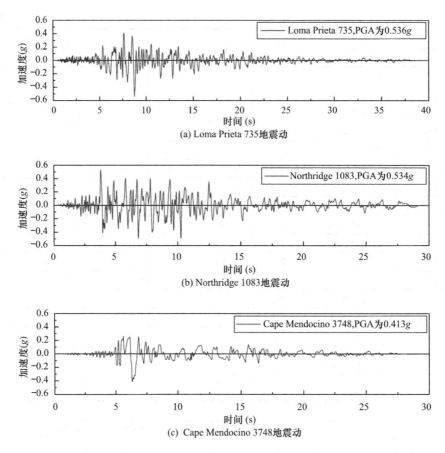

图 7-2 经过调幅后的 E2 罕遇地震的地震动加速度时程

E1 多遇地震和 E2 罕遇地震两个水平下各 10 组地震动对应的加速度谱如图 7-3 所示。可以看出选择的地震动加速度反应均值与设计反应谱基本吻合，同时各地震动的加速度反应具有较大的离散性，可充分了解钢管混凝土格构式桥墩的地震响应特性。

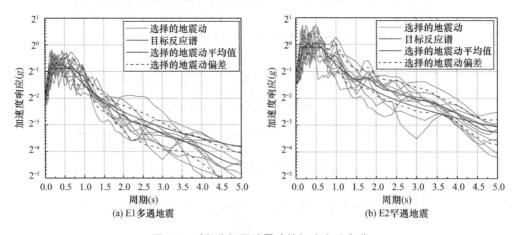

图 7-3 时程分析用地震动的加速度反应谱

7.2 钢管混凝土格构式桥墩地震响应的拓展参数分析

7.2.1 结构长细比

7.2.1.1 桥墩高度

在 4.2.1.1 节所建立的桥墩高度为 16m、20m、24m、32m、40m、56m 的钢管混凝土格构式桥墩有限元模型基础上,采用表 7-1 所列地震动进行 E1 多遇地震和 E2 罕遇地震作用下的时程响应分析。由于模型数目众多、数据量巨大,限于篇幅且为利于比较,本节仅以腹板高度系数为 0.3 和 0.7 的桥墩作为示例,比较了高度为 16m、24m 和 40m 的桥墩在 E1 多遇地震和 E2 罕遇地震中各 3 条地震动作用下的地震响应差异,如图 7-4~图 7-7 所示。

图 7-8 和图 7-9 展示了桥墩高度 l_h 对具有不同腹板高度系数的钢管混凝土格构式桥墩最大地震响应的影响,图中空心标志和实心标志分别表示桥墩在 E1 多遇地震和 E2 罕遇地震作用下的最大响应平均值,数据标记上的竖线表示桥墩在 10 条地震动作用下最大地震响应的均方差。图中还绘制了基于第 4 章各桥墩 Pushover 分析得到的墩顶屈服位移和墩底屈服剪力,作为判断结构是否进入弹塑性工作状态的容许值。

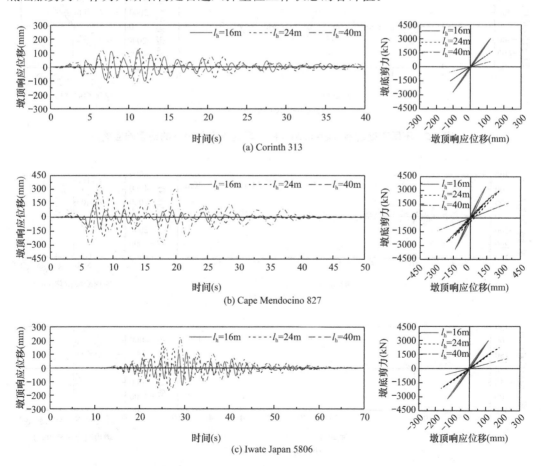

图 7-4 不同高度桥墩 ($\kappa=0.3$) 在 E1 多遇地震作用下的地震响应差异

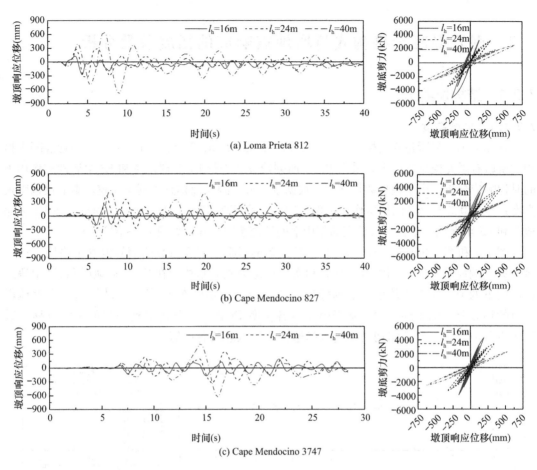

图7-5 不同高度桥墩（$\kappa=0.3$）在E2罕遇地震作用下的地震响应差异

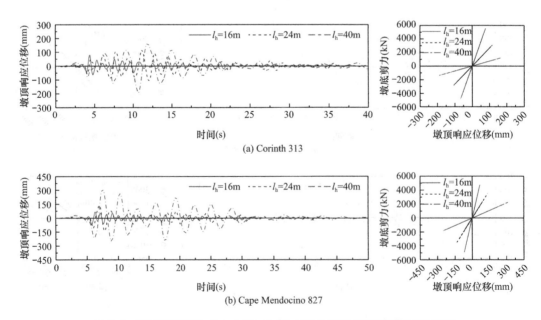

图7-6 不同高度桥墩（$\kappa=0.7$）在E1多遇地震作用下的地震响应差异

第 7 章 钢管混凝土格构式桥墩的非线性地震响应分析

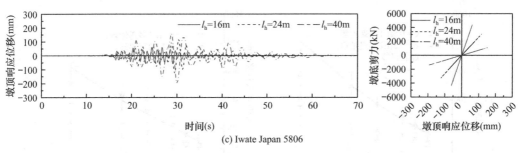

(c) Iwate Japan 5806

图 7-6 不同高度桥墩（$\kappa=0.7$）在 E1 多遇地震作用下的地震响应差异（续）

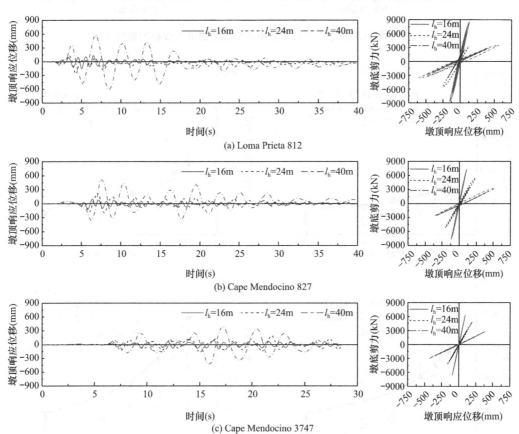

(a) Loma Prieta 812

(b) Cape Mendocino 827

(c) Cape Mendocino 3747

图 7-7 不同高度桥墩（$\kappa=0.7$）在 E2 罕遇地震作用下的地震响应差异

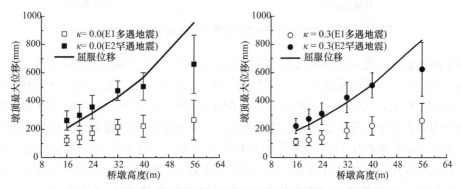

图 7-8 桥墩高度对腹板高度系数不同桥墩墩顶最大位移的影响

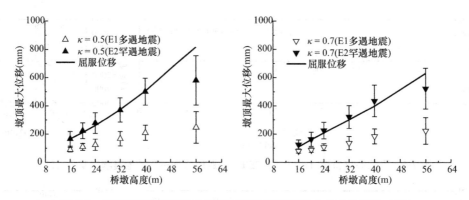

图7-8 桥墩高度对腹板高度系数不同桥墩墩顶最大位移的影响（续）

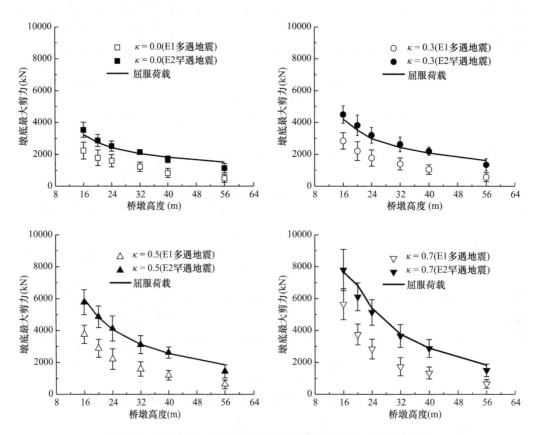

图7-9 桥墩高度对腹板高度系数不同桥墩墩底最大剪力的影响

桥墩高度的改变使得结构的长细比与刚度发生变化，在上部结构质量不变（不考虑墩身质量）的前提下，桥墩高度变大，抗推刚度减小，结构自振周期变长；腹板高度系数增大，抗推刚度增大，结构自振周期变短。由图7-8、图7-9可知，在桥墩高度和腹板高度系数两个因素影响下，各桥墩的自振周期相差较大，由于不同地震动包含的长短周期成分迥异，进而激起桥墩产生共振的地震动也有较大区别。腹板高度系数越小或桥墩高度越大，不同地震动作用下桥墩墩顶最大位移的均方差越大，即地震动特性带来的影响越大。

随着桥墩高度 l_h 的增加，无论是在E1多遇地震还是E2罕遇地震作用下，桥墩墩顶最大位移整体呈近似线性增大趋势，而墩底最大剪力呈非线性递减。在本书所采用的参数范围内，腹板高度系数不同的钢管混凝土格构式桥墩均表现出良好的抗震性能：E1多遇地震作用下，桥墩墩顶最大位移和墩底最大剪力都未超过屈服点对应限值，结构均处于弹性工作状态；E2罕遇地震作用下，各桥墩墩顶最大位移和墩底最大剪力平均约为E1多遇地震作用下的2.18倍和1.89倍，大部分桥墩的墩顶最大响应位移虽然超过屈服位移，表明结构进入弹塑性工作阶段，但距峰值点还有较大空间，尤其需要注意的是高度超过40m的桥墩仍处在弹性工作状态，说明此类结构拥有充足的强度和变形储备以抵抗强震作用，在我国高烈度山区高墩建设中具有显著的应用前景。

7.2.1.2 柱肢纵向间距

在4.2.1.2节所建立的桥墩高度为40m、柱肢纵向间距不同（2000mm、4000mm、6000mm和8000mm）的钢管混凝土格构式桥墩有限元模型基础上，采用表7-1所列地震动进行E1多遇地震和E2罕遇地震作用下的时程响应分析。限于篇幅，本节仅以$\kappa=0.3$和$\kappa=0.7$的桥墩作为示例，比较柱肢纵向间距为2000mm、4000mm和8000mm的桥墩在E1多遇地震和E2罕遇地震中某1条地震动作用下的地震响应差异，如图7-10和图7-11所示。图7-12和图7-13展现了柱肢纵向间距d_w对地震作用下钢管混凝土格构式桥墩最大响应的影响。

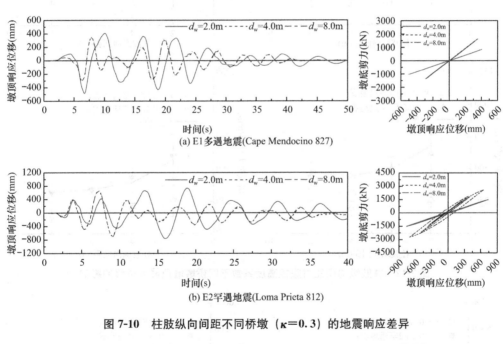

图 7-10 柱肢纵向间距不同桥墩（$\kappa=0.3$）的地震响应差异

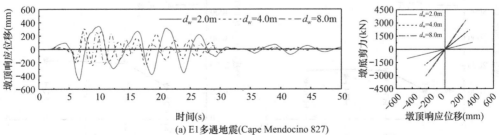

图 7-11 柱肢纵向间距不同桥墩（$\kappa=0.7$）的地震响应差异

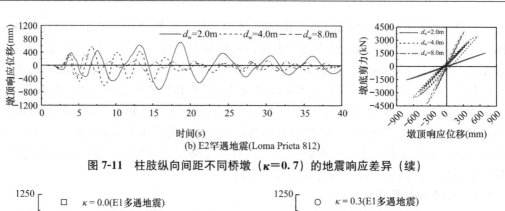

(b) E2罕遇地震(Loma Prieta 812)

图 7-11 柱肢纵向间距不同桥墩（$\kappa=0.7$）的地震响应差异（续）

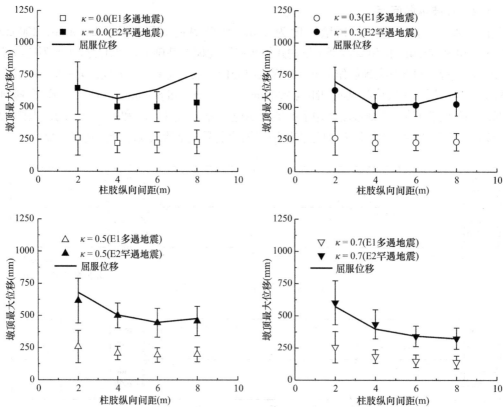

图 7-12 柱肢纵向间距对腹板高度系数不同桥墩墩顶最大位移的影响

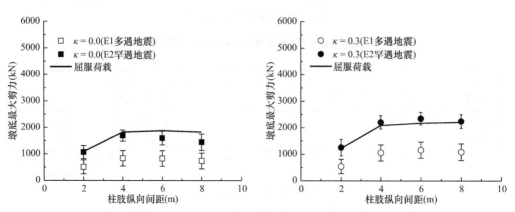

图 7-13 柱肢纵向间距对腹板高度系数不同桥墩墩底最大剪力的影响

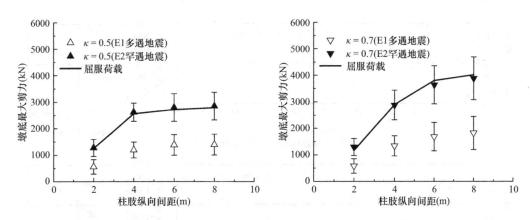

图 7-13 柱肢纵向间距对腹板高度系数不同桥墩墩底最大剪力的影响（续）

由图 7-12 和图 7-13 可知，E1 多遇地震作用下，柱肢纵向间距不同的 40m 桥墩墩顶最大位移和墩底最大剪力都未超过屈服点对应限值，结构均处于弹性工作状态；而在 E2 罕遇地震作用下，各桥墩的墩顶最大位移和墩底最大剪力的平均值与屈服点特征值比较贴合，说明各桥墩处于弹性阶段末期或刚进入弹塑性工作阶段，表现出良好的抗震性能。与此同时，柱肢纵向间距 d_w 的变化对腹板高度系数不同的钢管混凝土格构式桥墩地震响应的影响有较大差异。一方面，对于腹板高度系数 $\kappa \leqslant 0.5$ 的桥墩，当柱肢纵向间距从 2.0m 逐级增加至 8.0m，无论是 E1 多遇地震还是 E2 罕遇地震作用下，墩顶最大位移均随之呈现先减小后增大的趋势，其中 $\kappa \leqslant 0.3$ 的桥墩在 $d_w=4.0$m 时墩顶最大位移响应均值最小，$\kappa=0.5$ 的桥墩在 $d_w=6.0$m 时最小；对于腹板高度系数 $\kappa=0.7$ 的桥墩，其墩顶最大位移随着柱肢纵向间距的增大而非线性递减并趋于平缓。另一方面，腹板高度系数 $\kappa \leqslant 0.3$ 的桥墩墩底最大剪力随着柱肢纵向间距的增大呈现先增大后减小的趋势，腹板高度系数 $\kappa \geqslant 0.5$ 的桥墩墩底最大剪力却呈非线性递增趋势。

出现上述现象的原因在于柱肢纵向间距 d_w 本质上反映了钢管混凝土格构式桥墩的水平抗推刚度以及钢管混凝土柱肢之间连接的整体性。柱肢纵向间距增大，格构式截面二次惯性矩增大，结构刚度也随之增加，但是连接柱肢的缀管刚度变弱，尤其是对于腹板高度系数小的桥墩，结构的整体工作性能变差；当柱肢纵向间距超过一定距离后，腹板高度系数 $\kappa \leqslant 0.5$ 的钢管混凝土格构式桥墩就由各柱肢协同工作转变成各柱肢独立工作状态，结构抗震性能无法得到有效保证。综合考虑桥墩在地震作用下的侧向变形，桥墩墩身重量形成的惯性力，以及由桥墩传递给承台和基础的作用力大小，对于高度为 40m 的钢管混凝土格构式桥墩，柱肢纵向间距 $d_w=4.0$m 时桥墩可取得比较均衡的抗震性能。

7.2.1.3 缀管竖向间距

在 4.2.1.3 节所建立的桥墩高度为 40m、缀管竖向间距不同（1500mm、2000mm、2500mm 和 3000mm）的钢管混凝土格构式桥墩有限元模型基础上，采用表 7-1 所列地震动进行 E1 多遇地震和 E2 罕遇地震作用下的时程响应分析。限于篇幅，本节仅以 $\kappa=0.3$ 和 $\kappa=0.7$ 的桥墩作为示例，比较缀管竖向间距为 1500mm、2000mm 和 3000mm 的桥墩在 E1 多遇地震和 E2 罕遇地震中某 1 条地震动作用下的地震响应差异，如图 7-14 和图 7-15 所示。图 7-16 和图 7-17 展现了缀管竖向间距 d_v 对地震作用下钢管混凝土格构式桥墩最大响应的影响。

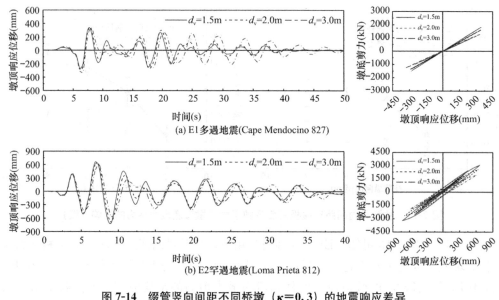

图 7-14 缀管竖向间距不同桥墩（$\kappa=0.3$）的地震响应差异

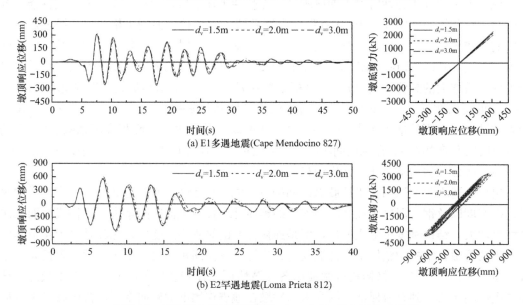

图 7-15 缀管竖向间距不同桥墩（$\kappa=0.7$）的地震响应差异

由图 7-14～图 7-17 可知，E1 多遇地震作用下，缀管竖向间距不同的 40m 桥墩墩顶最大位移和墩底最大剪力都未超过屈服点特征值，结构均处于弹性工作状态。在 E2 罕遇地震作用下，随着缀管竖向间距从 1.5m 逐渐增加至 3.0m，腹板高度系数 $\kappa\leqslant 0.5$ 的桥墩墩顶最大位移和墩底最大剪力逐渐接近并超过屈服点对应限值，即结构进入弹塑性工作状态；而 $\kappa=0.7$ 的桥墩墩顶最大位移均超过屈服位移。对于 $\kappa\leqslant 0.5$ 的钢管混凝土格构式桥墩，格构段的缀管连接对桥墩整体工作性能影响较大，缀管竖向间距 d_v 的增加，意味着起连接作用的缀管数量减少，格构段柱肢之间的联系变弱，进而导致桥墩刚度降低、承载力变小、自振周期变大；对于 $\kappa=0.7$ 的桥墩，由于复合段混凝土腹板决定了柱肢之间的连接性能，格构段缀管竖向间距 d_v 的影响基本可以忽略不计。

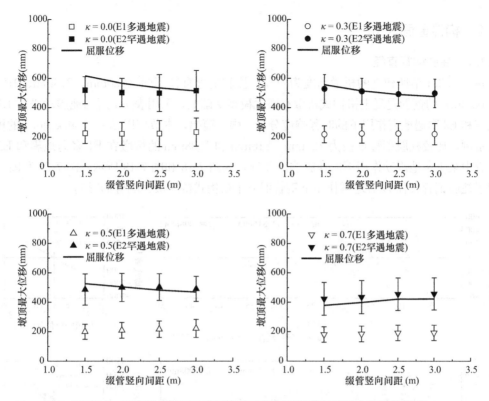

图 7-16 缀管竖向间距对腹板高度系数不同桥墩墩顶最大位移的影响

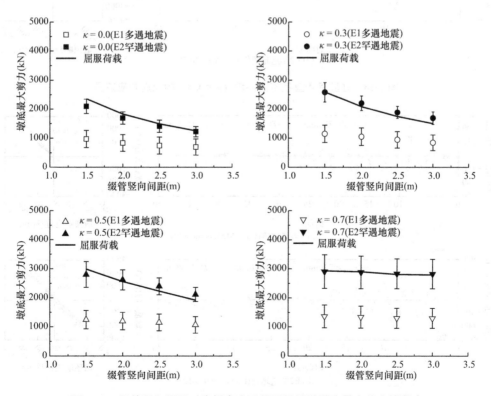

图 7-17 缀管竖向间距对腹板高度系数不同桥墩墩底最大剪力的影响

7.2.2 构件截面尺寸

7.2.2.1 柱肢钢管直径

在 4.2.2.1 节所建立的桥墩高度为 40m、柱肢钢管直径不同（720mm、816mm、912mm 和 1008mm）的钢管混凝土格构式桥墩有限元模型基础上，采用表 7-1 所列地震动进行 E1 多遇地震和 E2 罕遇地震作用下的时程响应分析。限于篇幅，本节仅以 $\kappa=0.3$ 和 $\kappa=0.7$ 的桥墩作为示例，比较柱肢钢管直径为 720mm、816mm 和 1008mm 的桥墩在 E1 多遇地震和 E2 罕遇地震中某 1 条地震动作用下的地震响应差异，如图 7-18 和图 7-19 所示。图 7-20 和图 7-21 展现了柱肢钢管直径 D 对地震作用下钢管混凝土格构式桥墩最大响应的影响。

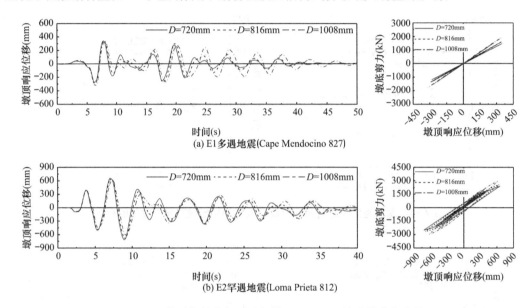

图 7-18 柱肢钢管直径不同桥墩（$\kappa=0.3$）的地震响应差异

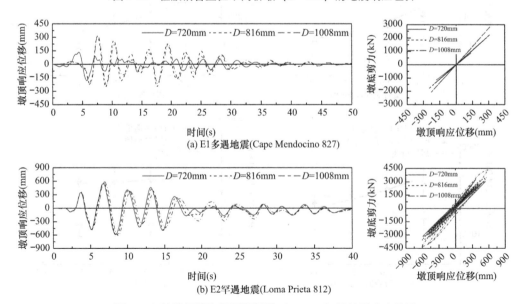

图 7-19 柱肢钢管直径不同桥墩（$\kappa=0.7$）的地震响应差异

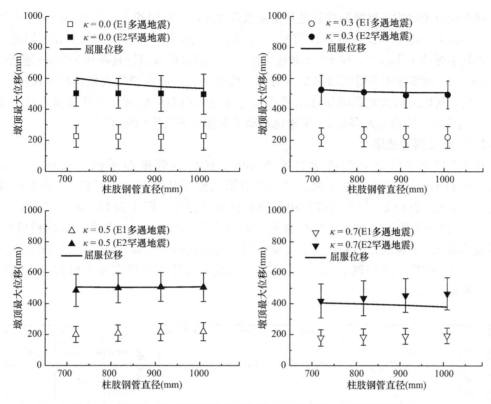

图 7-20 柱肢钢管直径对腹板高度系数不同桥墩墩顶最大位移的影响

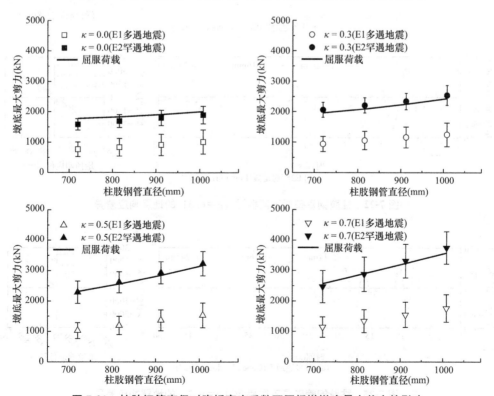

图 7-21 柱肢钢管直径对腹板高度系数不同桥墩墩底最大剪力的影响

钢管混凝土格构式桥墩的柱肢是其主要承重构件，柱肢钢管直径的大小决定了柱肢的刚度和承载力。由图7-18～图7-21可知，E1多遇地震作用下，柱肢钢管直径不同的40m桥墩均处于弹性工作状态；在E2罕遇地震作用下，随着柱肢钢管直径从720mm逐渐增大至1008mm，地震作用下桥墩墩底最大剪力呈线性增大，而墩顶最大位移基本保持不变；与此同时，桥墩的最大地震响应逐渐接近并超过屈服点对应限值，尤其是腹板高度系数$\kappa=0.7$的桥墩，结构在大多数E2罕遇地震动工况作用下发生弹塑性变形。

7.2.2.2 柱肢钢管壁厚

在4.2.2.2节所建立的桥墩高度为40m、柱肢钢管壁厚不同（12mm、16mm、20mm和24mm）的钢管混凝土格构式桥墩有限元模型基础上，采用表7-1所列地震动进行E1多遇地震和E2罕遇地震作用下的时程响应分析。限于篇幅，本节仅以$\kappa=0.3$和$\kappa=0.7$的桥墩作为示例，比较柱肢钢管壁厚为12mm、16mm和24mm的桥墩在E1多遇地震和E2罕遇地震中某1条地震动作用下的地震响应差异，如图7-22和图7-23所示。图7-24和图7-25展现了柱肢钢管壁厚t对地震作用下钢管混凝土格构式桥墩最大响应的影响。

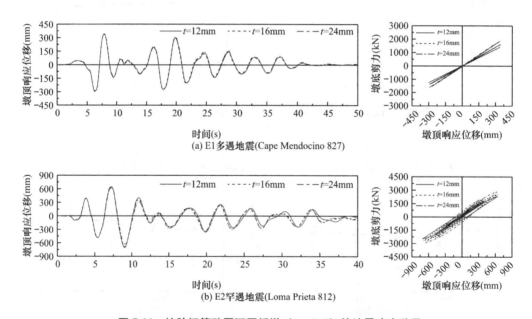

图7-22 柱肢钢管壁厚不同桥墩（$\kappa=0.3$）的地震响应差异

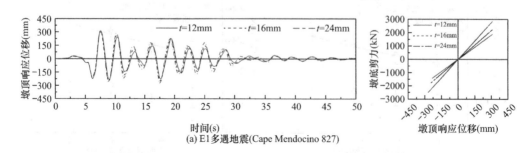

图7-23 柱肢钢管壁厚不同桥墩（$\kappa=0.7$）的地震响应差异

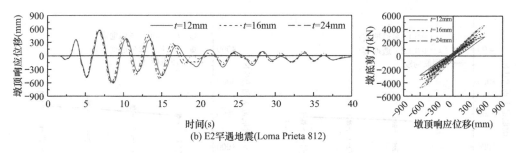

(b) E2罕遇地震(Loma Prieta 812)

图 7-23　柱肢钢管壁厚不同桥墩（$\kappa=0.7$）的地震响应差异（续）

在柱肢钢管外径不变的前提下，柱肢钢管壁厚直接决定了钢管对管内混凝土的套箍效应，对钢管混凝土柱肢的承载力、刚度和延性均有较大影响。由图 7-22～图 7-25 可知，随着柱肢钢管壁厚从 12mm 增加至 24mm，地震作用下桥墩墩底最大剪力随之线性增大，墩顶最大位移基本保持不变。E1 多遇地震作用下，柱肢钢管壁厚不同的桥墩均处于弹性阶段；在 E2 罕遇地震作用下，$\kappa\leqslant 0.5$ 的桥墩在大部分地震动工况下仍能保持弹性工作状态，而 $\kappa=0.7$ 的桥墩在壁厚为 12mm 和 16mm 时墩顶最大位移均超过屈服位移，进入弹塑性工作状态；随着柱肢钢管壁厚的增加，柱肢钢管对管内混凝土的约束进一步加强，使桥墩的抗震性能得到明显改善，重新回到弹性工作状态。

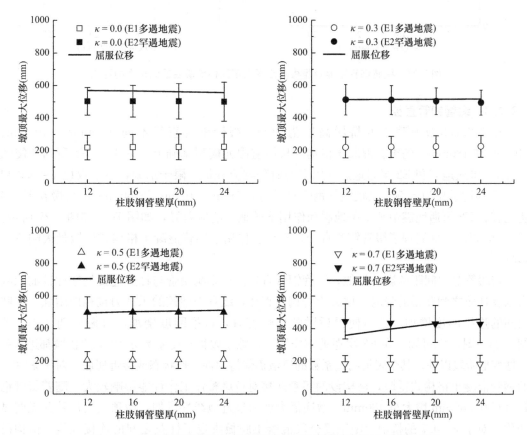

图 7-24　柱肢钢管壁厚对腹板高度系数不同桥墩墩顶最大位移的影响

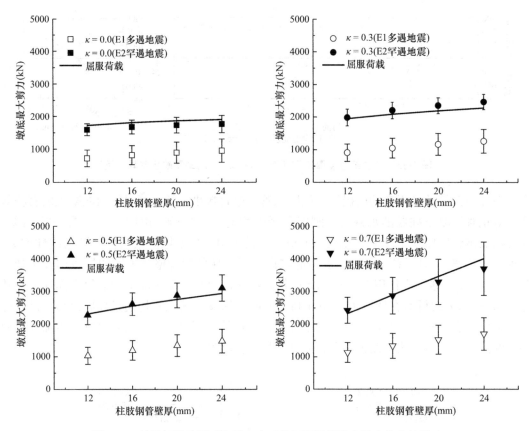

图 7-25 柱肢钢管壁厚对腹板高度系数不同桥墩墩底最大剪力的影响

7.2.2.3 缀管钢管直径

在 4.2.2.3 节所建立的桥墩高度为 40m、缀管钢管直径不同（360mm、400mm、440mm 和 480mm）的钢管混凝土格构式桥墩有限元模型基础上，采用表 7-1 所列地震动进行 E1 多遇地震和 E2 罕遇地震作用下的时程响应分析。限于篇幅，本节仅以 $\kappa=0.3$ 和 $\kappa=0.7$ 的桥墩作为示例，比较缀管钢管直径为 360mm、400mm 和 440mm 的桥墩在 E1 多遇地震和 E2 罕遇地震中某 1 条地震动作用下的地震响应差异，如图 7-26 和图 7-27 所示。图 7-28 和图 7-29 展现了缀管钢管直径 d 对地震作用下钢管混凝土格构式桥墩最大响应的影响。

与缀管竖向间距的影响类似，缀管钢管直径主要影响缀管与柱肢连接处塑性铰的承载力以及柱肢之间联系的强弱。增大缀管钢管直径，缀管塑性铰的承载力也相应增强、柱肢之间的连接刚度增加，进而使得桥墩整体性变好，抗推刚度增加，自振周期变小。由图 7-26～图7-29 可知，在 E2 罕遇地震作用下，除了腹板高度系数 $\kappa=0.7$ 的桥墩都进入弹塑性变形阶段以外，其余腹板高度系数的桥墩仍保持弹性工作状态或接近屈服。对于 $\kappa \leqslant 0.5$ 的钢管混凝土格构式桥墩，格构段的缀管连接对桥墩整体工作性能影响较大，随着缀管钢管直径从 360mm 增大至 480mm，墩底最大剪力呈近似线性增加，墩顶最大位移并无明显变化；对于 $\kappa=0.7$ 的桥墩，由于复合段混凝土腹板决定了柱肢之间的连接性能，格构段中缀管钢管直径 d 的影响可以忽略不计。

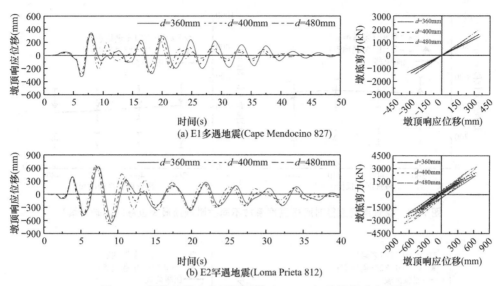

图 7-26 缀管钢管直径不同桥墩（$\kappa=0.3$）的地震响应差异

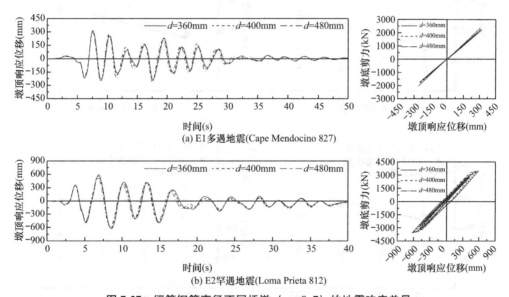

图 7-27 缀管钢管直径不同桥墩（$\kappa=0.7$）的地震响应差异

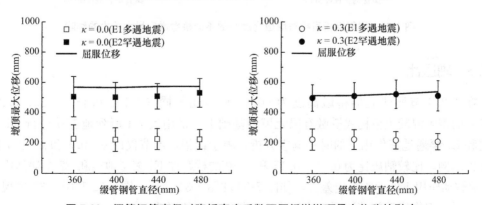

图 7-28 缀管钢管直径对腹板高度系数不同桥墩墩顶最大位移的影响

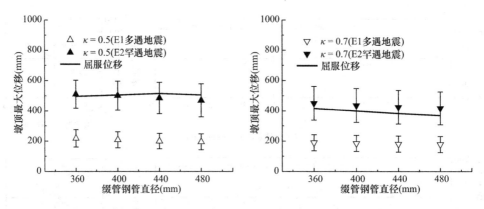

图 7-28 缀管钢管直径对腹板高度系数不同桥墩墩顶最大位移的影响（续）

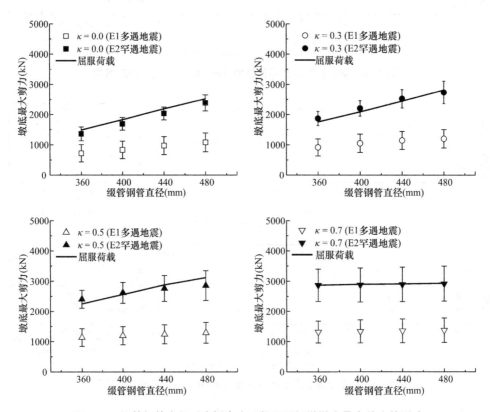

图 7-29 缀管钢管直径对腹板高度系数不同桥墩墩底最大剪力的影响

7.2.3 轴压比

在 4.2.3 节所建立的桥墩高度为 40m、轴压比不同（0.10、0.15、0.20、0.25 和 0.30）的钢管混凝土格构式桥墩有限元模型基础上，采用表 7-1 所列地震动进行 E1 多遇地震和 E2 罕遇地震作用下的时程响应分析。限于篇幅，本节仅以 $\kappa=0.3$ 和 $\kappa=0.7$ 的桥墩作为示例，比较轴压比为 0.10、0.15 和 0.30 的桥墩在 E1 多遇地震和 E2 罕遇地震中某 1 条地震动作用下的地震响应差异，如图 7-30 和图 7-31 所示。图 7-32 和图 7-33 展现了轴压比 n 对地震作用下钢管混凝土格构式桥墩最大响应的影响。

第7章 钢管混凝土格构式桥墩的非线性地震响应分析

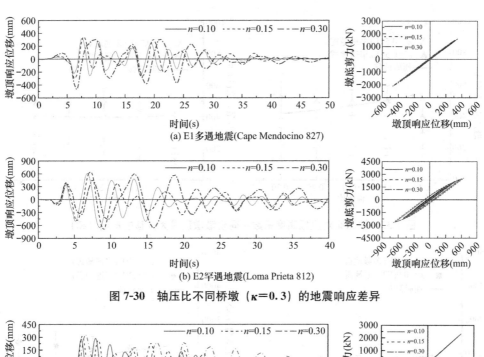

图 7-30 轴压比不同桥墩（$\kappa=0.3$）的地震响应差异

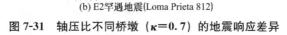

图 7-31 轴压比不同桥墩（$\kappa=0.7$）的地震响应差异

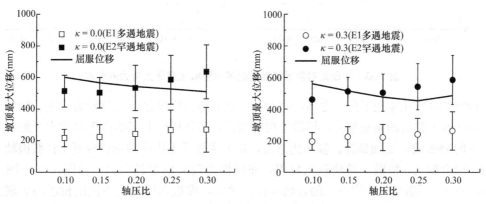

图 7-32 轴压比对腹板高度系数不同桥墩墩顶最大位移的影响

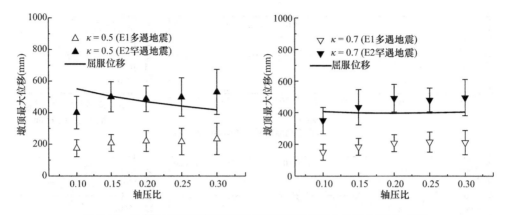

图 7-32 轴压比对腹板高度系数不同桥墩墩顶最大位移的影响（续）

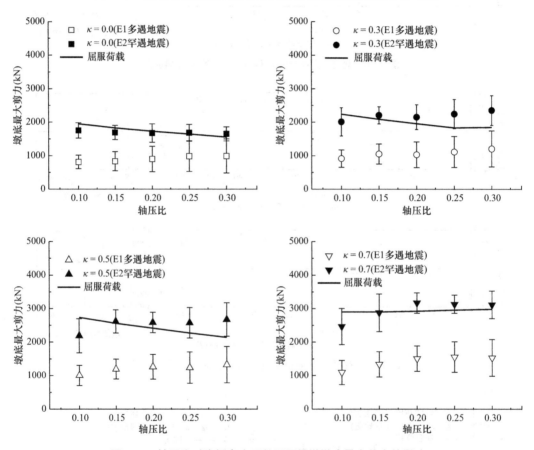

图 7-33 轴压比对腹板高度系数不同桥墩墩底最大剪力的影响

桥墩的轴压比体现了两个方面的影响：一是上部结构质量，二是轴力效应。轴压比越大，意味着上部结构质量越大，桥墩的周期越长，另外桥墩上部结构重量在水平地震作用下产生的 P-Δ 效应更加显著；轴压比越大，作为主要承重构件的钢管混凝土柱肢因轴力产生的初应力越大，桥墩也越快进入屈服，非线性地震响应也越明显。由图 7-30～图 7-33 可知，在 E2 罕遇地震作用下，随着轴压比的增大，腹板高度系数不同的桥墩均表现出从弹性阶段进入弹塑性阶段的现象，且轴压比越大，桥墩最大地震响应超过屈服点对应限值的幅度越大。上述结果表明,在我国高烈度地区,钢管混凝土格构式桥墩(尤其是墩高超过 40m 的高墩)适用于上部结构轻型化的桥梁体系。

7.3 桥墩最大地震响应的参数敏感性分析

基于 7.2 节钢管混凝土格构式桥墩在 E1 多遇地震和 E2 罕遇地震作用下的非线性时程分析结果,采用式(4-1)计算得到各构造参数对桥墩最大地震响应(墩顶最大位移和墩底最大剪力)在参数基准值处的敏感度系数,并汇总列于表 7-2。对于墩顶最大位移和墩底最大剪力,按照腹板高度系数不同桥墩的敏感度系数绝对值大小进行排序,如图 7-34 和图 7-35 所示。

桥墩最大地震响应关于各构造参数的敏感度系数　　表 7-2

腹板高度系数	参数	参数基准值	E1 多遇地震下敏感度系数		E2 罕遇地震下敏感度系数	
			$S(\delta_m)$	$S(V_m)$	$S(\delta_m)$	$S(V_m)$
0.0	l_h	40000	0.534	−1.687	0.742	−1.100
	d_w	4000	−0.188	0.414	−0.307	0.353
	d_v	2000	−0.018	−0.548	−0.077	−0.809
	D	816	−0.070	0.722	−0.016	0.529
	t	16	0.041	0.424	0.000	0.168
	d	400	−0.081	1.472	0.041	1.985
	n	0.15	0.216	0.204	0.082	−0.055
0.3	l_h	40000	0.619	−1.594	0.737	−1.142
	d_w	4000	−0.170	0.608	−0.248	0.523
	d_v	2000	0.048	−0.382	−0.130	−0.626
	D	816	0.054	0.869	−0.267	0.553
	t	16	0.053	0.479	−0.032	0.335
	d	400	−0.095	1.105	0.230	1.470
	n	0.15	0.166	0.160	0.127	0.091
0.5	l_h	40000	0.708	−1.838	0.752	−1.332
	d_w	4000	−0.320	0.711	−0.340	0.620
	d_v	2000	0.160	−0.163	0.066	−0.311
	D	816	0.299	1.205	0.187	1.036
	t	16	0.024	0.522	0.005	0.462
	d	400	−0.436	0.446	−0.240	0.688
	n	0.15	0.262	0.259	0.225	0.188
0.7	l_h	40000	0.780	−2.265	0.848	−1.641
	d_w	4000	−0.594	0.839	−0.596	0.825
	d_v	2000	0.110	−0.086	0.136	−0.048
	D	816	0.267	1.288	0.345	1.236
	t	16	−0.020	0.585	−0.066	0.607
	d	400	−0.227	0.165	−0.303	0.051
	n	0.15	0.458	0.455	0.425	0.333

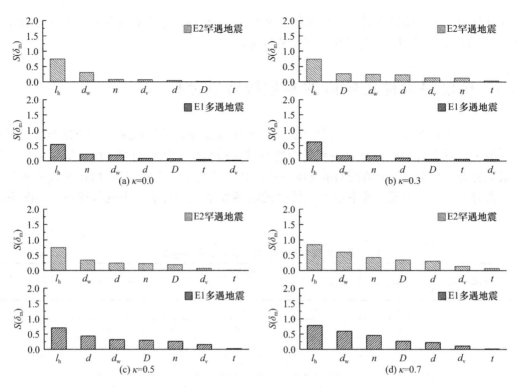

图 7-34　地震作用下桥墩墩顶最大位移的参数敏感度系数

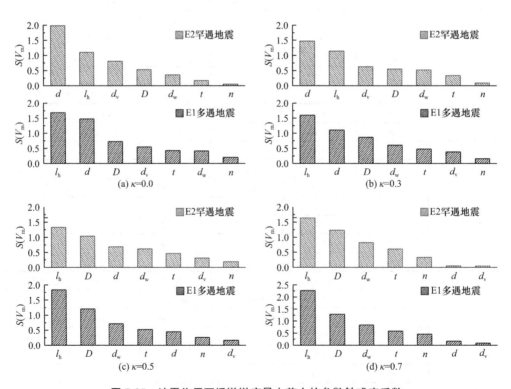

图 7-35　地震作用下桥墩墩底最大剪力的参数敏感度系数

(1) 墩顶最大位移

由图 7-34 可知，钢管混凝土格构式桥墩在地震作用下的墩顶最大位移对桥墩高度最为敏感。轴压比与结构自振周期和进入弹塑性阶段快慢息息相关，对地震作用下墩顶最大位移也有明显影响。对于腹板高度系数 $\kappa \leqslant 0.5$ 的钢管混凝土格构式桥墩，由于钢管混凝土柱肢的潜在塑性铰位置会由墩底上移至混凝土腹板上方，格构段的工作性能就决定了桥墩在地震作用下的变形能力，所以此类桥墩的墩顶最大位移对柱肢纵向间距和缀管钢管直径等格构段相关构造参数比较敏感。随着腹板高度系数 κ 的增加，墩顶最大位移对桥墩高度、柱肢纵向间距和轴压比的敏感度不断上升，而对缀管钢管直径和缀管竖向间距的敏感度不断降低。另外，柱肢钢管壁厚对墩顶最大位移的影响可忽略不计。

(2) 墩底最大剪力

比较图 7-33 与图 7-34 可知，相比墩顶最大位移，钢管混凝土格构式桥墩在地震作用下的墩底最大剪力受多因素共同作用的现象更加明显。由图 7-34 可知，钢管混凝土格构式桥墩在地震作用下的墩底最大剪力对桥墩高度最为敏感：在其他参数不变的前提下，桥墩高度越高，弹性刚度越小，结构自振周期越长，距离设计反应谱的卓越周期越远，地震效应越小。但对于腹板高度系数 $\kappa \leqslant 0.5$ 的钢管混凝土格构式桥墩，格构段相关构造参数对桥墩墩底最大剪力的影响也十分显著；随着腹板高度系数 κ 的增加，桥墩下部复合段在结构抗侧力体系中的作用愈发凸显，地震作用下墩底最大剪力对柱肢纵向间距、柱肢钢管直径和壁厚的敏感度不断上升。

综上所述，腹板高度系数 κ 是影响钢管混凝土格构式桥墩地震响应的重要因素，腹板高度系数与墩底最大响应剪力呈正相关关系，与墩顶最大响应位移呈负相关关系，并且随着腹板高度系数的增大，E2 罕遇地震作用下桥墩的最大响应剪力和位移与 E1 多遇地震作用下对应结果的比值也随之降低。对于桥墩高度较小、墩顶轴压过大、柱肢纵向间距较小的钢管混凝土格构式桥墩，地震作用下的响应位移和剪力均较大，因此在桥墩抗震设计阶段，应慎重考虑桥墩长细比的设计，以达到变形和承载能力的最佳要求。此外，钢管混凝土格构式桥墩在实际工程中更适合应用于轻型结构桥梁，以保证轴压比在适当范围内，充分发挥钢管混凝土格构式桥墩优异的抗震性能。

第8章 钢管混凝土格构式桥墩的抗震性能化设计方法

我国现行桥梁抗震设计规范虽然采用了两水平设防、两阶段设计思想，但对各抗震设防类别桥梁的抗震设防目标的规定仍停留在定性描述的阶段，尚未给出基于性能需求的性能量化指标。基于性能的抗震设计理论体系中，性能目标与结构在地震作用下的损伤状态密切相关，合理定量描述结构损伤状态，从而得到结构在不同地震动强度下的性能目标，使结构的性能目标与结构的损伤状态直接联系起来，是实现基于性能的抗震设计的关键。因此，本章将在前述章节的基础上，首先建立钢管混凝土格构式桥墩荷载-位移能力曲线的简化计算模型，进而提出此类新型桥墩的抗震性能设计指标；同时，提出地震作用下钢管混凝土格构式桥墩的墩顶最大响应位移计算方法；最后，结合桥墩的抗震设防目标，建立钢管混凝土格构式桥墩基于性能的抗震设计方法和抗震设计流程。

8.1 钢管混凝土格构式桥墩荷载-位移能力曲线简化模型

根据第 2 章水平低周反复荷载试验和第 4 章能力曲线参数敏感性分析结果，本书认为钢管混凝土格构式桥墩的荷载-位移能力曲线可以简化为如图 8-1 所示的三折线模型，其中 OA 段为弹性阶段，AB 段为强化段，BC 为下降段。

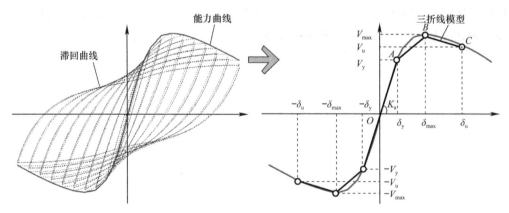

图 8-1 钢管混凝土格构式桥墩荷载-位移能力曲线的简化三折线模型

本章在进行水平低周反复荷载试验和有限元参数分析时，均将桥墩能力曲线上峰后荷载降至 0.85 倍峰值荷载的位置取为极限点。因此，为了建立钢管混凝土格构式桥墩荷载-位移能力曲线的三折线模型，还需再确定弹性刚度 K_a、屈服荷载 V_y、峰值荷载 V_{max}、峰值位移 δ_{max} 以及极限位移 δ_u 五个特征值。

接下来，本节将通过理论推导与数据回归拟合的方法，得到荷载-位移能力曲线特征值的简化计算方法，建立钢管混凝土格构式桥墩荷载-位移能力曲线的三折线模型，进而得到 E1 多遇地震和 E2 罕遇地震作用下桥墩的抗震设计指标，为后续基于性能的抗震设计方法奠定基础。

8.1.1 弹性阶段刚度

借鉴变截面梁柱弹性刚度的研究成果，本书将钢管混凝土格构式桥墩等效为纯弯构件，首先分别计算考虑剪切变形的桥墩上部格构段和考虑混凝土开裂的桥墩下部复合段的截面抗弯刚度，然后采用力法求解出桥墩的整体等效抗弯刚度，最后根据悬臂柱的抗侧刚度计算公式求得钢管混凝土格构式桥墩的弹性阶段刚度，如图 8-2 所示。

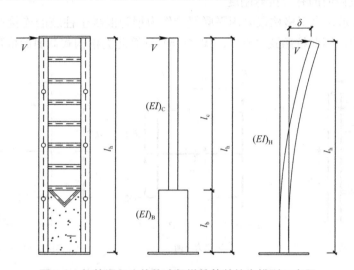

图 8-2 钢管混凝土格构式桥墩的等效抗弯模型示意图

（1）复合段截面的有效抗弯刚度

对于钢管混凝土格构式桥墩下部的复合段，其组合截面有效抗弯刚度可按图 8-3 所示将各组成部分进行叠加计算。在竖向恒定轴力和水平反复荷载共同作用下，桥墩受拉侧柱肢的管内混凝土会产生裂缝，同时腹板受拉侧混凝土也会开裂，严重时最外缘腹板混凝土还会发生剥落，即钢管混凝土柱肢和混凝土腹板在加载过程中对复合段组合截面抗弯刚度的贡献将会大打折扣，因此需对组合截面的刚度进行折减，如式（8-1）~式（8-3）所示：

$$(EI)_B = 4(EI)_{CS} + 2(1+\alpha)(EI)_{CC} + 2\alpha E_{c2} I_{RC} \quad (8-1)$$

$$(EI)_{CS} = E_s(I_s + A_s d_w^2/4) \quad (8-2)$$

$$(EI)_{CC} = E_{c1}(I_{c1} + A_{c1} d_w^2/4) \quad (8-3)$$

式中：α——因混凝土受拉的抗弯刚度折减系数，取为 0.6；

E_s——柱肢钢管的钢材弹性模量；

E_{c1}——柱肢管内混凝土的弹性模量；

E_{c2}——腹板混凝土的弹性模量；

I_s、I_{c1}——单根柱肢的钢管和管内混凝土的截面惯性矩；

A_s、A_{c1}——单根柱肢的钢管和管内混凝土的截面面积；

I_{RC}——单侧腹板混凝土的截面惯性矩。

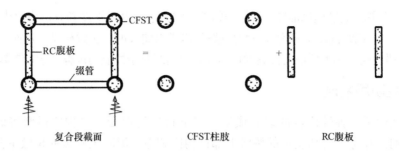

图 8-3　复合段截面抗弯刚度计算示意图

（2）格构段截面的有效抗弯刚度

如图 8-4 所示，由于格构段采用平联缀管作为钢管混凝土柱肢的连接构件，剪切变形的影响不能忽视，因此按照式（8-4）、式（8-5）计算此类格构式截面的抗弯刚度：

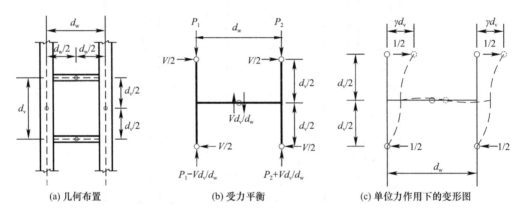

图 8-4　考虑剪切变形影响的典型格构段节段

$$(EI)_C = \xi[4(EI)_{CS} + 2(1+\alpha)(EI)_{CC}] \tag{8-4}$$

$$\xi = \frac{-1+\sqrt{1+4\gamma P_E}}{2\gamma P_E} \tag{8-5}$$

式中：γ——剪切刚度系数，按式（8-6）计算：

$$\gamma = \frac{d_v d_w}{12(EI)_{CHS}} + \frac{d_v}{d_w}\frac{\eta_{CHS}}{(GA)_{CHS}} + \frac{\eta_{CFST}}{2(GA)_{CFST}} + \frac{4d_v^2}{24(EI)_{CFST}} \tag{8-6}$$

P_E——轴压柱一阶模态对应的弹性临界荷载，按式（8-7）计算：

$$P_E = \frac{4\pi^2 (EI)_{CFST}}{(\beta l_c)^2} \tag{8-7}$$

l_c——上部格构段的长度；

β——柱的有效长度计算系数，若墩顶与主梁通过支座连接，可视为悬臂柱，取 2.0；若墩顶与主梁的约束仅能平动、不能旋转，则取 1.0；

$(EI)_{CFST}$——单根钢管混凝土柱肢的抗弯刚度，$(EI)_{CFST}=E_s I_s + E_{cl} I_{cl}$；

$(GA)_{CFST}$——单根钢管混凝土柱肢的剪切刚度，$(GA)_{CFST}=G_s A_s + G_{cl} A_{cl}$；

$(EI)_{CHS}$——单根空钢管缀管的抗弯刚度，$(EI)_{CHS}=E_s I_b$；

$(GA)_{CHS}$——单根空钢管缀管的剪切刚度，$(GA)_{CHS}=G_s A_b$；

G_s、G_{cl}——柱肢钢材与管内混凝土的剪切模量；

I_b、A_b——单根缀管截面的惯性矩和面积；

η_{CFST}——柱肢剪切形状因子，钢管混凝土柱肢为实心圆截面，取值为1.11；

η_{CHS}——缀管剪切形状因子，缀管为薄壁空心圆截面，取值为2。

（3）变截面与等截面的抗弯刚度换算

对于柱肢有坡度的变截面桥墩，如图8-5所示，应将其转换为等截面的桥墩后，再按照上述第（1）点和第（2）点分别计算复合段与格构段的截面有效抗弯刚度。格构式桥墩等效截面的柱肢纵向间距可按式（8-8）~式(8-10)计算：

$$\tan\left(\frac{\alpha}{2}\ln\frac{I_j}{I_k}\right) = 2\alpha \quad (8-8)$$

$$\psi = \left(\alpha^2 + \frac{1}{4}\right)\left(1 - \frac{d_{wj}}{d_{wk}}\right)\frac{4}{\pi^2}\frac{I_j}{I_k} \quad (8-9)$$

$$d_w^* = \sqrt{\psi}d_{wj} \quad (8-10)$$

式中：d_w^*——等效截面的柱肢纵向间距；

α、ψ——计算参数；

d_{wj}、d_{wk}——变截面墩柱中截面高度较低和较高的组合截面的柱肢纵向间距；

I_j、I_k——变截面墩柱中截面高度较低和较高的组合截面的惯性矩。

（4）混合墩的等效抗弯刚度

混合墩的上部格构段与下部复合段刚度差异较大，为得到混合墩的等效抗弯刚度，首先按照

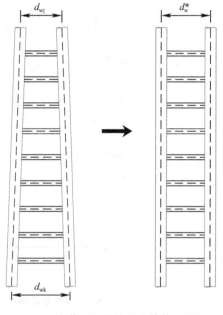

图8-5 变截面桥墩转换为等截面桥墩

式（8-10）将变截面桥墩等效成等截面，接着分别采用式（8-1）与式（8-4）求出复合段与格构段截面的有效抗弯刚度；然后，采用基于单位荷载法的式（8-11）求解变刚度结构的等效抗弯刚度，最后采用式（8-12）计算得到混合墩的弹性刚度：

$$(EI)_H = \frac{(EI)_B(EI)_C}{(EI)_B(1-\kappa)^3 + (EI)_C[1-(1-\kappa)^3]} \quad (8-11)$$

$$K_a = \frac{3(EI)_H}{l_h^3} \quad (8-12)$$

按照上述式（8-1）~式（8-12），以第4章开展参数分析的钢管混凝土格构式桥墩的有限元模型为对象，计算得到各桥墩模型的弹性刚度计算值如图8-6中竖轴数值所示，同时该图横轴绘制了采用低周反复荷载分析得到的有限元计算结果。

从图8-6可看出，采用本书提出的考虑腹板高度系数以及复合段与格构段构造特点的计算方法可以比较准确地得到钢管混凝土格构式桥墩的弹性刚度，与采用纤维单元杆系有限元分析方法得到的计算结果较为吻合，整体误差在10%以内，最大误差为18%，满足工程精度要求。

8.1.2 峰值荷载与屈服荷载

根据前述章节的研究可知，钢管混凝土格构式桥墩峰值荷载的计算关键在于塑性铰的

出现位置和数量，对于腹板高度系数 $\kappa<0.7$ 的桥墩，其格构段的受弯承载力小于复合段的受弯承载力，塑性铰出现在格构段的顶部和底部，承载力控制截面为格构段顶部和底部截面；对于腹板高度系数 $\kappa \geqslant 0.7$ 的桥墩，其格构段的受弯承载力大于或等于复合段的受弯承载力，塑性铰转移到墩底，承载力控制截面为墩底的复合段截面。因此，接下来分别按照上述两种情况进行桥墩峰值荷载的计算。

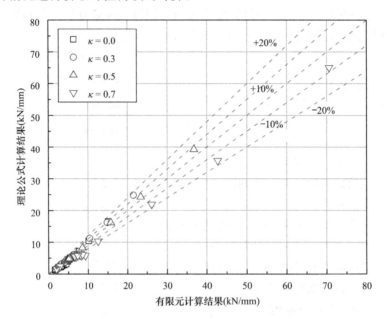

图 8-6 弹性阶段刚度理论公式计算结果与有限元计算结果的对比

（1）塑性铰仅发生在格构段时的峰值荷载计算

如图 8-7 所示，对于腹板高度系数较低的桥墩，格构段截面受弯承载力大小决定了桥墩水平峰值荷载的数值。根据钢管混凝土柱肢和缀管的损伤情况，同时考虑墩顶竖向恒定轴力带来的 $P-\delta$ 效应，本书基于虚位移原理按照式（8-13）计算钢管混凝土格构式桥墩的水平峰值荷载：

$$V_{\max} = \frac{n_{\text{CFST}} M_{u,\text{CFST}} + 2n_{\text{CHS}} M_{u,\text{CHS}}}{l_c + 0.75 \dfrac{P}{K_a}} \tag{8-13}$$

式中：n_{CFST}——发生损伤的钢管混凝土柱肢数量；

n_{CHS}——发生损伤的空钢管缀管数量；

$M_{u,\text{CFST}}$——单根钢管混凝土柱肢受弯极限承载力，按式（8-14）计算：

$$M_{u,\text{CFST}} = \gamma_{\text{CFST}} W_{\text{CFST}} f_{\text{CFST}} \tag{8-14}$$

γ_{CFST}——钢管混凝土柱肢的塑性发展系数：

$$\gamma_{\text{CFST}} = 1.1 + 0.48\ln(\zeta_0 + 0.1) \tag{8-15}$$

W_{CFST}——单根钢管混凝土柱肢的组合截面抗弯模量；

f_{CFST}——钢管混凝土柱肢的组合轴向抗压强度：

$$f_{\text{CFST}} = 0.9(1 + \sqrt{\zeta_0} + \zeta_0) f_c \tag{8-16}$$

ζ_0——钢管混凝土柱肢的套箍系数：

$$\zeta_0 = A_s f_s / (A_c f_c) \tag{8-17}$$

$M_{u,\text{CHS}}$——单根空钢管缀管的受弯极限承载力，按式（8-18）计算：

$$M_{u,\text{CHS}} = \gamma_{\text{CHS}} W_{\text{CHS}} f_s \tag{8-18}$$

γ_{CHS}——空钢管缀管的塑性发展系数，对于薄壁空心圆截面取 1.15；

W_{CHS}——空钢管缀管的截面抗弯模量。

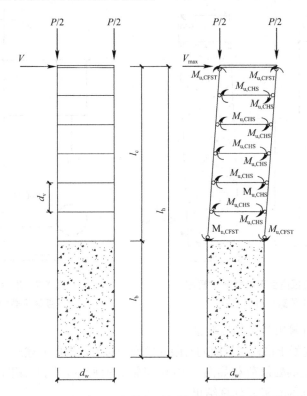

图 8-7　腹板高度系数较低时桥墩受弯承载力计算简图

（2）塑性铰发生在复合段时的峰值荷载计算

如图 8-8 所示，对于腹板高度系数较高的桥墩，塑性铰发生在复合段底部，即复合段截面受弯承载力决定了桥墩水平峰值荷载的大小。

为了计算此时钢管混凝土格构式桥墩的水平峰值荷载，首先根据复合段截面的竖向轴力平衡关系式（8-19），求出截面中性轴位置和截面受压区高度 x（见图 8-9），然后对截面中性轴取矩，建立复合段截面的力矩平衡方程式（8-20），进而求出复合段截面的受弯极限承载力，最终采用式（8-21）计算得到复合段截面控制时的桥墩水平峰值荷载。

$$P/2 = \alpha_1 f_{cb} A_{cb} + f_{\text{CFST}} A_{\text{CFST}} - f_y A_s \tag{8-19}$$

$$M_{u,\text{RC-CFST}} = 2 f_{\text{CFST}} A_{\text{CFST}} \left(\frac{d_w}{2} - x \right) + 2 f_{cb} A_{cb} \left(\frac{d_w}{4} - \frac{x}{2} - \frac{D}{4} \right)$$

$$- 2 f_y A_s \left(\frac{d_w}{2} + x \right) - Px \tag{8-20}$$

$$V_{\max} = \frac{M_{u,\text{RC-CFST}} + n_{\text{CFST}} M_{u,\text{CFST}} + 2 n_{\text{CHS}} M_{u,\text{CHS}}}{l_h + 0.75 \dfrac{P}{K_a}} \tag{8-21}$$

式中：α_1——等效矩形应力系数，建议取 0.8；
A_{cb}——腹板混凝土受压区面积。

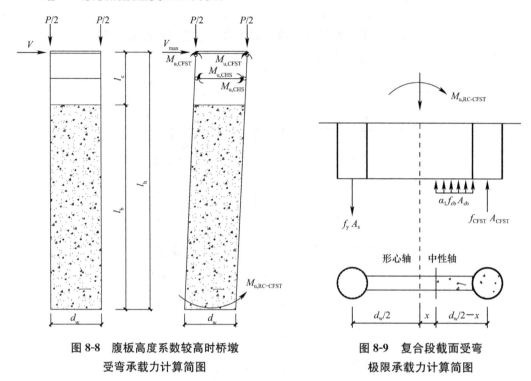

图 8-8　腹板高度系数较高时桥墩受弯承载力计算简图

图 8-9　复合段截面受弯极限承载力计算简图

（3）峰值荷载计算方法的精度验证

以第 4 章钢管混凝土格构式桥墩的有限元模型为对象，根据上述式（8-13）和式（8-21）计算得到各桥墩模型的峰值荷载如图 8-10 中竖轴数值所示，同时该图横轴绘制了采用低周反复荷载分析得到的有限元计算结果。

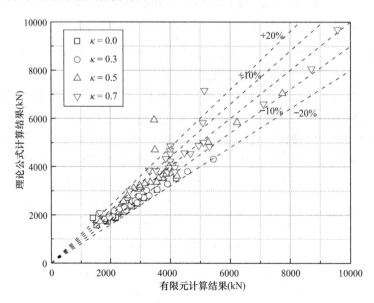

图 8-10　峰值荷载理论公式计算结果与有限元计算结果的对比

由图 8-10 可看出，腹板高度系数为 0.5 的桥墩的计算偏差较大，这可能是由于此类桥墩破坏形态介于前述两种破坏情况的分界点，塑性铰不但发生在格构段，同时也发生在复合段底部截面，使得图 8-7 和图 8-8 所示两种简化模式均不能充分反映桥墩的破坏形态，进而导致计算结果偏差较大。但是，总体而言，对于钢管混凝土格构式桥墩，采用本书提出的简化公式计算得到的峰值荷载与采用纤维单元杆系有限元分析方法得到的计算结果基本吻合，误差在 20% 以内，满足工程精度要求。

（4）屈服荷载与峰值荷载的比例关系

基于 4.2 节有限元参数分析结果，统计得到不同腹板高度系数桥墩在单向推覆和反复荷载作用下峰值荷载与屈服荷载的比例关系，如图 8-11 所示。图中数据点均为表 4-1 所示 25 个桥墩模型有限元分析结果的平均值。

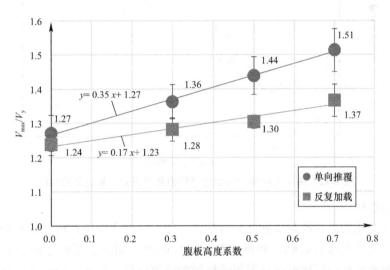

图 8-11 峰值荷载与屈服荷载比例随腹板高度系数变化关系曲线

由图 8-11 可知，随着钢管混凝土格构式桥墩腹板高度系数的增加，桥墩峰值荷载与屈服荷载的比例均随之增大，利用最小二乘法得到该比例关于腹板高度系数的经验回归方程，如式（8-22）、式（8-23）所示：

$$\frac{V_{\max}}{V_y} = \begin{cases} 0.35\kappa + 1.27 & \text{（单向推覆）} \\ 0.17\kappa + 1.23 & \text{（反复加载）} \end{cases} \tag{8-22}$$

$$V_y = \frac{V_{\max}}{0.17\kappa + 1.23} \tag{8-23}$$

因此，在采用式（8-13）和式（8-21）计算得到桥墩在反复荷载作用下的峰值荷载后，可以通过上述经验回归方程快速评估桥墩的屈服荷载，节省计算成本和计算时间。

8.1.3 墩顶水平位移特征值

（1）屈服位移

按照式（8-23）和式（8-12）分别求得钢管混凝土格构式桥墩的屈服荷载和弹性阶段刚度后，可按式（8-24）计算屈服位移：

$$\delta_y = \frac{V_y}{K_a} \tag{8-24}$$

同样以第4章钢管混凝土格构式桥墩的有限元模型为对象，计算得到各桥墩模型的屈服位移如图8-12中竖轴数值所示，同时该图横轴绘制了采用低周反复荷载分析得到的有限元计算结果。从图8-12可看出，采用上述公式计算得到的屈服位移与采用纤维单元杆系有限元分析方法得到的计算结果较为吻合，误差在20%以内。

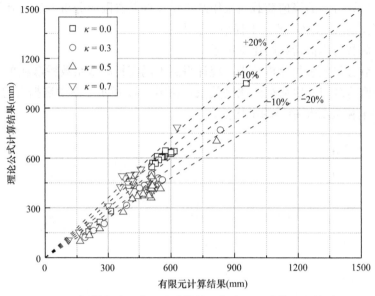

图8-12 屈服位移理论公式计算结果与有限元计算结果的对比

（2）峰值位移

根据第4章能力曲线参数敏感性分析结果，钢管混凝土格构式桥墩的峰值位移主要受桥墩等效长细比相关参数影响，如桥墩高度、柱肢纵向间距、缀管竖向间距等因素。此外，腹板高度系数和轴压比也会显著影响桥墩的峰值位移。显然，通过理论推导很难得到准确的计算公式。因此，本节以钢管混凝土格构式桥墩的等效长细比、轴压比和腹板高度系数作为自变量，基于第4章有限元参数分析结果，通过数据回归拟合得到钢管混凝土格构式桥墩的墩顶峰值位移与墩高比值的经验公式为：

$$\frac{\delta_{max}}{l_h} = \begin{cases} (0.28\kappa - 0.10)\frac{\lambda_E}{100} + (0.261\kappa - 0.182)n - 0.125\kappa + 0.100 \text{（单向推覆）} \\ (0.12\kappa - 0.02)\frac{\lambda_E}{100} + (0.129\kappa - 0.086)n - 0.069\kappa + 0.052 \text{（反复加载）} \end{cases} \quad (8-25)$$

式中：λ_E——将钢管混凝土格构式桥墩视作格构柱时的等效长细比，按照式（8-26）计算：

$$\lambda_E = \lambda_H \sqrt{1 + \frac{(EI)_{BBC}}{(\beta l_h)^2}\gamma} \quad (8-26)$$

λ_H——钢管混凝土格构柱的名义长细比，按照式（8-27）计算：

$$\lambda_H = \frac{\beta l_h}{\sqrt{(EI)_{BBC}/(EA)_{BBC}}} \quad (8-27)$$

β——受压构件的计算长度系数，对于悬臂柱取2.0；

$(EI)_{BBC}$——钢管混凝土格构柱截面的组合抗弯刚度；

$(EA)_{BBC}$——钢管混凝土格构柱截面的组合抗压刚度。

由式（8-25）可知，对于钢管混凝土格构式桥墩的墩顶水平峰值位移，腹板高度系数与等效长细比、轴压比均存在耦合作用。图 8-13 比较了式（8-25）计算得到的峰值位移与有限元分析结果。由图 8-13 可知，采用式（8-25）计算得到的峰值位移与有限元分析结果较为吻合，误差在 20％以内，满足工程精度要求。

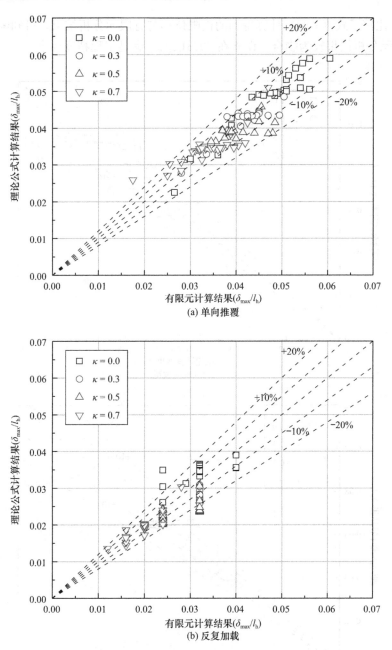

图 8-13　峰值位移理论公式计算结果与有限元计算结果的对比

（3）极限位移

与峰值位移相似，钢管混凝土格构式桥墩的极限位移主要与桥墩等效长细比、腹板高度系数、轴压比等参数密切相关。因此，本节同样基于第 4 章有限元参数分析结果，通过数据回归拟合得到钢管混凝土格构式桥墩的墩顶极限位移与墩高比值的经验公式：

$$\frac{\delta_u}{l_h} = \begin{cases} (0.44\kappa - 0.10)\dfrac{\lambda_E}{100} + (0.480\kappa - 0.327)n - 0.236\kappa + 0.162 &(\text{单向推覆}) \\ (0.24\kappa - 0.09)\dfrac{\lambda_E}{100} + (0.297\kappa - 0.180)n - 0.146\kappa + 0.113 &(\text{反复加载}) \end{cases} \quad (8\text{-}28)$$

图 8-14 比较了式（8-28）计算得到的极限位移与有限元分析结果，可知经验公式计算结果与有限元分析结果较为吻合，误差在 20% 以内，满足工程精度要求。

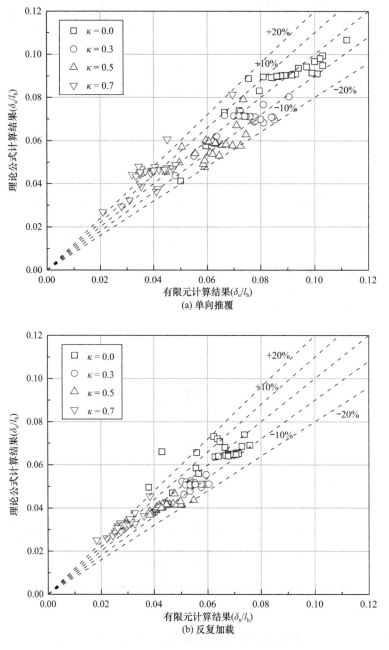

图 8-14　极限位移理论公式计算结果与有限元计算结果的对比

（4）墩顶位移特征值的简化算法

基于 4.2 节有限元参数分析结果，统计得到不同腹板高度系数桥墩在单向推覆和反复荷载作用下墩顶位移特征值（屈服位移、峰值位移和极限位移）与墩高的比例关系，如图 8-15 所示。图中数据点均为表 4-1 所示 25 个桥墩模型有限元分析结果的平均值。

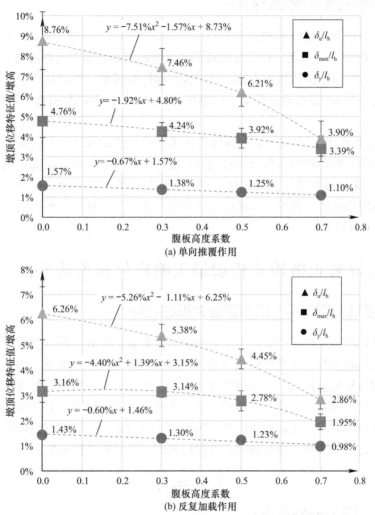

图 8-15 墩顶位移特征值与墩高比例随腹板高度系数变化关系曲线

由图 8-15 可知，随着钢管混凝土格构式桥墩腹板高度系数的增加，墩顶位移特征值与桥墩高度的比例均随之减小。利用最小二乘法得到墩顶位移特征值与墩高比例关于腹板高度系数的经验回归方程，如式（8-29）～式（8-31）所示：

$$\frac{\delta_y}{l_h} = \begin{cases} -0.67\%\kappa + 1.57\% & \text{（单向推覆）} \\ -0.60\%\kappa + 1.46\% & \text{（反复加载）} \end{cases} \quad (8\text{-}29)$$

$$\frac{\delta_{\max}}{l_h} = \begin{cases} -1.92\%\kappa + 4.80\% & \text{（单向推覆）} \\ -4.40\%(\kappa - 0.16)^2 + 3.26\% & \text{（反复加载）} \end{cases} \quad (8\text{-}30)$$

$$\frac{\delta_u}{l_h} = \begin{cases} -7.51\%(\kappa + 0.10)^2 + 8.81\% & \text{（单向推覆）} \\ -5.26\%(\kappa + 0.10)^2 + 6.30\% & \text{（反复加载）} \end{cases} \quad (8\text{-}31)$$

如果某钢管混凝土格构式桥墩的参数取值落在本书所采用的参数范围内，那么可以通过上述经验回归方程快速评估桥墩的墩顶位移特征值，方便桥墩初步设计阶段进行参数调整与校验。

8.1.4 桥墩的抗震性能设计指标

根据《公路桥梁抗震设计规范》JTG/T 2231-01—2020[11]规定，E1多遇地震作用下除了D类以外的A类、B类、C类桥梁遵循弹性抗震设计，即不允许桥梁结构发生塑性变形，以强度作为衡量结构性能的指标，只需校核构件的强度是否满足要求。因此，钢管混凝土格构式桥墩在E1多遇地震作用下的弹性抗震设计指标为屈服荷载，可通过式（8-23）计算得到。

E2罕遇地震作用下A类~C类桥梁应该采用延性抗震设计，不仅用构件的强度作为衡量结构性能的指标，同时要校核构件的变形能力是否满足要求。因此，钢管混凝土格构式桥墩在E2罕遇地震作用下的延性抗震设计指标为峰值荷载和峰值位移。其中，峰值荷载可根据桥墩腹板高度系数的不同通过式（8-13）或式（8-21）计算得到，峰值位移则可通过式（8-25）计算得到。

8.2 钢管混凝土格构式桥墩最大响应位移预估方法

8.2.1 E1多遇地震作用下的墩顶最大弹性位移

对于钢管混凝土格构式桥墩，由于采用了钢管混凝土柱肢，并且使用缀管和腹板进行连接，桥墩的极限承载力和受弯承载力均可以在截面尺寸较小的情况下满足设计要求，也就是说，桥墩墩身质量相比上部结构质量小得多。因此，在进行钢管混凝土格构式桥墩的抗震设计分析时，为简化计算，将桥墩简化为单质点模型，仅考虑上部结构质量而不考虑墩身质量。采用等效静力法进行E1多遇地震作用下的墩顶最大弹性位移的计算。

首先，通过上部结构质量和桥墩弹性阶段刚度计算结构自振周期：

$$T_1 = 2\pi\sqrt{\frac{M_t}{K_a}} \quad (8\text{-}32)$$

式中：M_t——桥墩上部结构质量；

K_a——桥墩弹性刚度，按照式（8-12）计算。

然后，根据《公路桥梁抗震设计规范》JTG/T 2231-01—2020[11]规定的桥址场地设计加速度反应谱，求得桥墩自振周期在设计反应谱上对应的最大加速度响应：

$$S_a(T_1) = \begin{cases} S_{max}(0.6T_1/T_0 + 0.4) & T_1 \leqslant T_0 \\ S_{max} & T_0 < T_1 \leqslant T_g \\ S_{max}(T_g/T_1) & T_g < T_1 \leqslant 10 \end{cases} \quad (8\text{-}33)$$

式中：S_{max}——设计加速度反应谱最大值（g），按式（8-34）计算：

$$S_{max} = 2.5C_iC_sC_dA \quad (8\text{-}34)$$

C_i——抗震重要性系数，按JTG/T 2231-01—2020[11]表3.1.3-2取值，对于A类桥梁，E1地震时取1.0，E2地震时取1.7；

C_s——场地系数，水平向和竖向分别按 JTG/T 2231-01—2020[11] 表 5.2.2-1、表 5.2.2-2 取值；

C_d——阻尼调整系数，按 JTG/T 2231-01—2020[11] 第 5.2.4 条确定；

A——水平向基本地震动峰值加速度，按 JTG/T 2231-01—2020[11] 表 3.2.2 取值；

T_0——反应谱直线上升段最大周期，取 0.1s；

T_g——特征周期（s）。

接着，计算 E1 多遇地震作用下桥墩上部质点所受的最大水平惯性力：

$$E_{tm1} = M_t S_a(T_1) \quad (8-35)$$

根据第 5 章拟动力试验、第 6 章地震模拟振动台试验和第 7 章非线性地震响应分析可知，钢管混凝土格构式桥墩在 E1 多遇地震作用下基本处于弹性工作状态，所以将式 (8-35) 计算得到的质点最大水平惯性力除以桥墩弹性阶段刚度以估算桥墩墩顶的最大弹性响应位移：

$$\delta_{E1\text{-max}} = \frac{E_{tm1}}{K_a} \quad (8-36)$$

以第 7 章钢管混凝土格构式桥墩的有限元模型为对象，按照式（8-36）估算得到各桥墩模型的最大弹性响应位移，如图 8-16 中竖轴数值所示，同时该图横轴绘制了采用时程分析方法得到的 10 条 E1 多遇地震作用下的最大响应位移均值。由图 8-16 可知，采用式（8-36）计算得到的墩顶最大弹性位移与有限元时程分析结果比较吻合，平均误差在 20% 以内，满足工程精度要求，说明式（8-36）可以用于比较准确地估算 E1 多遇地震作用下钢管混凝土格构式桥墩的墩顶最大弹性响应位移。

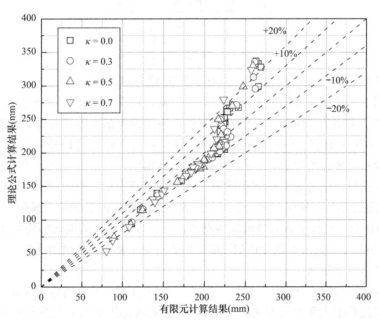

图 8-16 E1 多遇地震作用下墩顶最大弹性位移理论公式计算结果与有限元计算结果的对比

8.2.2 E2 罕遇地震作用下的墩顶最大弹塑性位移

（1）等效静力法

由本书第 5 章拟动力试验、第 6 章振动台试验以及第 7 章非线性时程参数分析结果可知，E2 罕遇设计地震作用下有部分钢管混凝土格构式桥墩承受的最大惯性力超过结构的屈服强度，进入弹塑性工作状态，但均未达到峰值。此时，受地震累积损伤的影响，桥墩的刚度较弹性阶段明显下降，进而导致桥墩自振周期变长。

因此，为了计算桥墩在 E2 罕遇地震作用下的墩顶最大弹塑性位移响应，首先采用式（8-35）计算 E2 罕遇地震作用下桥墩上部质点所受的最大水平惯性力，并采用式（8-37）计算墩顶的最大弹性位移响应：

$$\delta_{E2\text{-max},0} = \frac{E_{tm2}}{K_a} = \frac{M_t S_a(T_1)}{K_a} \tag{8-37}$$

接着根据上述计算得到的最大弹性位移判断桥墩是否进入弹塑性状态：

$$\delta_{E2\text{-max}} = \begin{cases} \delta_{E2\text{-max},0}, & \text{当 } \delta_{E2\text{-max},0} \leqslant \delta_y \\ \delta_{E2\text{-max},p}, & \text{当 } \delta_{E2\text{-max},0} > \delta_y \end{cases} \tag{8-38}$$

如果桥墩的最大弹性位移响应大于屈服位移，那么就根据能力曲线模型上的屈后刚度计算桥墩受损后的结构刚度，进而采用损伤后桥墩墩顶质点惯性力和结构刚度来估算桥墩墩顶的最大弹塑性响应位移 $\delta_{E2\text{-max},p}$，计算过程如下：

$$\delta_{E2\text{-max},p} = \frac{E'_{tm2}}{K_p} \tag{8-39}$$

$$E'_{tm2} = M_t S_a(T'_1) \tag{8-40}$$

$$T'_1 = 2\pi\sqrt{\frac{M_t}{K_p}} \tag{8-41}$$

$$K_p = \frac{V_y + K_b(\delta_{E2\text{-max},0} - \delta_y)}{\delta_{E2\text{-max},0}} \tag{8-42}$$

$$K_b = \frac{V_{\max} - V_y}{\delta_{\max} - \delta_y} \tag{8-43}$$

以第 7 章钢管混凝土格构式桥墩的有限元模型为对象，按照式（8-38）估算得到 E2 罕遇地震作用下各桥墩模型的最大弹塑性响应位移，如图 8-17(a) 中竖轴数值所示，同时该图横轴绘制了采用非线性时程分析方法得到的桥墩模型最大响应位移。由图 8-17(a) 可知，采用式（8-38）计算得到的墩顶最大弹塑性位移与有限元时程分析结果比较吻合，但对于腹板高度系数较高的桥墩，公式计算结果整体偏小。这可能是由于本书假定此类轻型桥墩为单质点模型，仅考虑上部结构质量而不考虑墩身质量，但随着腹板高度系数的增加，墩身质量占比随之增加，桥墩二阶以上振动模态对地震响应的影响愈发显著，仅根据一阶振动模态进行分析会一定程度低估结构的地震力，导致计算得到的地震响应偏小。整体而言，式（8-38）仍可用于快速准确地评估初设阶段钢管混凝土格构式桥墩的弹塑性地震响应。

（2）位移增大系数法

《建筑抗震设计规范》GB 50011—2010[56]一般采用将 E1 多遇地震作用下的弹性阶段层间位移乘以位移增大系数的方法，计算 E2 罕遇地震作用下的最大弹塑性响应位移：

$$\Delta u_p = \eta_p \Delta u_e \tag{8-44}$$

式中：Δu_p——弹塑性层间位移；

Δu_e——按弹性分析的层间位移；

η_p——位移增大系数。

基于本书 7.2 节腹板高度系数不同的钢管混凝土格构式桥墩的地震响应时程分析结果，

腹板高度系数为0.0、0.3、0.5、0.7的桥墩在E2罕遇地震作用下最大响应位移平均约是E1多遇地震作用下最大响应位移的2.26倍、2.28倍、2.30倍和2.29倍，即位移增大系数取平均值为2.28，进而得到E2罕遇地震作用下桥墩墩顶最大弹塑性位移响应的快速估算公式为：

$$\delta_{E2\text{-}max} = 2.28\delta_{E1\text{-}max} \tag{8-45}$$

将采用位移增大系数法式（8-45）估算得到的最大弹塑性响应位移与非线性有限元时程分析结果进行比较，如图8-17(b)所示。由图8-17(b)可知，相比假定桥墩损伤后刚度再进行等效静力法计算的结果，基于数据统计回归分析得到的墩顶最大弹塑性位移会略大于有限元时程分析结果，但误差总体在20%以内，满足工程精度要求。但需要说明的是，式（8-45）中的位移增大系数仅适用于本书所采用的构造参数范围，对于上述范围之外的参数取值，建议选用式（8-38）进行估算。

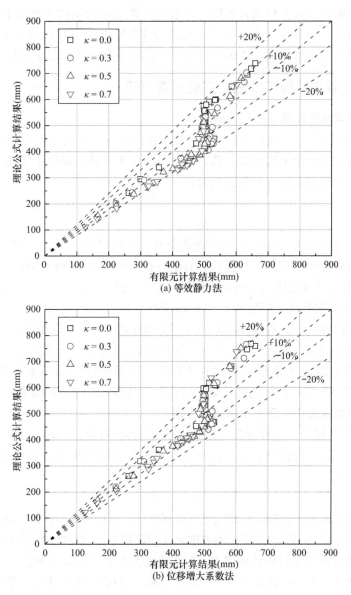

图8-17　E2罕遇地震作用下墩顶最大弹塑性位移理论公式计算结果与有限元计算结果的对比

8.3 钢管混凝土格构式桥墩基于性能的抗震设计方法

8.3.1 钢管混凝土格构式桥墩的抗震设防目标

目前钢管混凝土格构式桥墩在实际工程中的应用主要在单跨跨径不超过 150m 的桥梁中，如四川干海子特大桥、重庆市南岸区黄桷湾立交桥主线桥等。根据《公路桥梁抗震设计规范》JTG/T 2231-01—2020[11] 第 3.1 节规定可知，上述桥梁的抗震设防类别属于 B 类、C 类桥梁，采用两水准抗震设防、两阶段抗震设计，即第一阶段的弹性抗震设计、第二阶段的延性抗震设计，并引入能力保护设计原则。

因此，对于钢管混凝土格构式桥墩，要求此类新型组合结构在遭受 E1 地震作用时没有受到损坏，强度、刚度基本保持不变；在遭受 E2 地震作用时，结构不产生严重损伤，同时具有足够的延性变形能力，以大于延性变形需求并有适当的安全储备。

8.3.2 钢管混凝土格构式桥墩的抗震验算方法

8.3.2.1 E1 多遇地震作用下的抗震验算方法

E1 多遇地震作用下，钢管混凝土格构式桥墩的抗震验算主要针对强度与变形，即墩底的最大荷载响应应小于结构屈服荷载，或墩顶的最大位移响应应小于屈服位移，以确保结构处于弹性工作状态，相应验算公式为：

$$H_{E1\text{-max}} \leqslant V_{ya} \tag{8-46}$$

$$\delta_{E1\text{-max}} \leqslant \delta_{ya} \tag{8-47}$$

式中：V_{ya}——钢管混凝土格构式桥墩的屈服荷载，可按照式（8-23）计算，或采用本书第 3 章提出的有限元建模计算方法进行 Pushover 分析得到；

δ_{ya}——钢管混凝土格构式桥墩的屈服位移，可按照式（8-24）或式（8-29）计算，或根据有限元模型的 Pushover 分析得到；

$H_{E1\text{-max}}$——钢管混凝土格构式桥墩在 E1 多遇地震作用下的最大荷载响应，可按照式（8-35）进行估算，或采用本书第 3 章提出的有限元建模计算方法进行时程分析得到；

$\delta_{E1\text{-max}}$——钢管混凝土格构式桥墩在 E1 多遇地震作用下的最大位移响应，可按照式（8-36）进行估算，或采用有限元模型的时程分析结果。

8.3.2.2 E2 罕遇地震作用下的抗震验算方法

E2 罕遇地震作用下，钢管混凝土格构式桥墩的验算以变形验算为主，即墩顶的最大弹塑性位移响应应小于峰值位移，以保证桥墩具有足够的变形能力并有适当的安全储备，相应的验算公式为：

$$\delta_{E2\text{-max}} \leqslant \delta_{pa} \tag{8-48}$$

式中：δ_{pa}——钢管混凝土格构式桥墩的延性位移指标，可按照式（8-25）或式（8-30）计算，或采用本书第 3 章提出的有限元建模计算方法进行低周反复荷载分析得到；

$\delta_{E2\text{-max}}$——钢管混凝土格构式桥墩在 E2 罕遇地震作用下的最大弹塑性位移响应，可按照式（8-38）或式（8-45）进行估算，也可采用本书第 3 章提出的有限元建模计算方法进行非线性时程响应分析得到。

8.3.3 钢管混凝土格构式桥墩的抗震设计流程

根据抗震设防类别与设防目标，基于性能的钢管混凝土格构式桥墩的总体抗震设计流程如图 8-18 所示。具体说明如下：

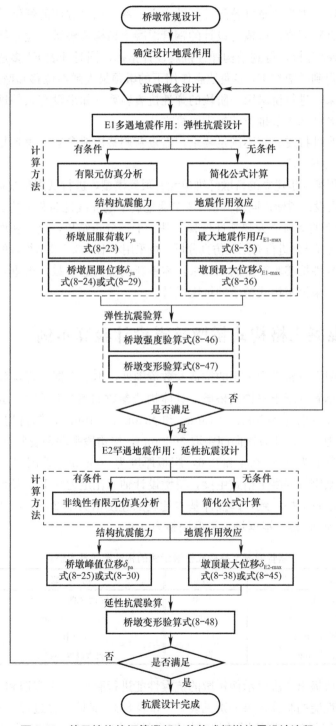

图 8-18 基于性能的钢管混凝土格构式桥墩抗震设计流程

第1步：根据桥梁抗震设防类别和场地类型，确定设计地震作用，包括设计反应谱和选用的地震动加速度时程数据。

第2步：根据桥梁跨径、高度等，基于已有桥梁的设计资料和理论分析，根据实际设计需求进行抗震概念设计，选择桥墩关键构造参数的合理取值范围。

第3步：采用本书第2章推荐的计算效率高、参数调整方便的纤维单元有限元建模方法和建模原则，针对完成抗震概念设计的钢管混凝土格构式桥墩，建立纤维单元有限元模型并进行Pushover分析，得到结构弹性抗震设计指标；同时开展E1多遇地震下的线弹性时程响应分析，得到桥墩在E1多遇地震作用下的墩顶最大弹性位移和墩底最大荷载响应。基于上述分析结果，进行桥墩第一阶段的弹性抗震验算。如果没有条件进行有限元仿真分析，可采用本书8.3.2.1节推荐的抗震验算方法。

如果桥墩的弹性抗震验算不满足要求，需重新调整构造参数，再重复上述流程。如果满足要求，则进入下一步。

第4步：采用第3步建立的桥墩纤维单元有限元模型，进行低周反复荷载作用分析，以得到结构延性抗震设计指标；同时开展E2罕遇地震下的非线性时程响应分析，得到桥墩在E2罕遇地震作用下的墩顶最大弹塑性位移。基于上述分析结果，进行桥墩第二阶段的延性抗震验算。如果没有条件进行有限元仿真分析，可采用本书8.3.2.2节推荐的抗震验算方法。

如果桥墩的延性抗震验算不满足要求，需重新调整构造参数，再重复上述流程。如果满足要求，则可结束该格构式桥墩的抗震设计。

8.4 钢管混凝土格构式桥墩抗震设计验算示例

在第4章有限元分析模型采用的构造参数范围外，本节根据工程实际设计了三个腹板高度系数不同的钢管混凝土格构式桥墩，具体构造参数如表8-1所示。示例桥墩柱肢钢管和缀管钢管的尺寸分别为$\phi 720mm \times 16mm$和$\phi 360mm \times 16mm$，钢材均采用Q345，管内混凝土强度等级为C50，柱肢纵向间距取3600mm，格构段平联缀管竖向间距为1800mm；腹板高度系数分别取为0.2、0.4和0.6，腹板厚度为400mm，采用C30混凝土。该示例桥墩拟用于支撑某钢管混凝土桁式主梁，桥墩设计轴压比定为0.18。桥墩所在场地的抗震设计参数与干海子特大桥一致，即设计基本地震加速度值为$0.20g$，场地类别Ⅲ类，区划图上的特征周期为0.45s，根据场地类型调整为0.65s。

钢管混凝土格构式桥墩示例的构造参数基本信息　　　　表 8-1

构造参数	取值	构造参数	取值
桥墩高度 l_h(mm)	36000	缀管钢管直径 d(mm)	360
柱肢纵向间距 d_w(mm)	3600	钢管壁厚 t(mm)	16
缀管竖向间距 d_v(mm)	1800	轴压比 n	0.18
柱肢钢管直径 D(mm)	720	腹板高度系数 κ	0.2、0.4、0.6

采用8.3节所提出方法对示例桥墩的抗震性能进行验算。E1多遇和E2罕遇地震作用下示例桥墩抗震性能的验算结果分别见表8-2和表8-3。具体验算过程介绍如下：

第1步，计算得到示例桥墩的抗震性能设计指标。首先，采用式（8-12）计算得到腹板高度系数为 0.2、0.4 和 0.6 的示例桥墩的弹性阶段刚度；接着，采用式（8-13）和式（8-21）计算结果的较小值作为示例桥墩的水平峰值荷载，进而采用式（8-23）和式（8-24）分别求得桥墩的屈服荷载和屈服位移作为示例桥墩的弹性抗震设计指标；然后，采用式（8-25）计算得到示例桥墩的峰值位移作为弹塑性抗震设计指标。

第 2 步，计算得到桥墩在 E1 多遇地震和 E2 罕遇地震作用下的最大地震响应。首先，采用式（8-35）和式（8-36）分别计算得到示例桥墩在 E1 多遇地震作用下的最大荷载响应和最大位移响应；接着，采用式（8-38）计算得到示例桥墩在 E2 罕遇地震作用下的最大位移响应。

第 3 步，对示例桥墩的抗震性能进行验算。首先，采用式（8-46）和式（8-47）分别验算示例桥墩在 E1 多遇地震作用下的强度和变形；由表 8-2 可知，示例桥墩的弹性抗震验算满足要求。接着，采用式（8-48）对示例桥墩在 E2 罕遇地震作用下的变形进行验算；由表 8-3 可知，示例桥墩的延性抗震验算满足要求。

E1 多遇地震作用下示例桥墩的抗震性能验算表格 表 8-2

计算参数				抗震性能设计指标		最大弹性地震响应		抗震性能验算	
κ	M (kg)	K_a (kN/mm)	T (s)	V_{ya} (kN)	δ_{ya} (mm)	$H_{E1\text{-}max}$ (kN)	$\delta_{E1\text{-}max}$ (mm)	强度 $H_{E1\text{-}max} \leqslant V_{ya}$?	变形 $\delta_{E1\text{-}max} \leqslant \delta_{ya}$?
0.2	1.806×10^6	3.33	4.625	1519	456	773	252	OK	OK
0.4	1.806×10^6	4.45	4.003	2105	473	1008	241	OK	OK
0.6	1.806×10^6	5.37	3.642	2419	450	1231	237	OK	OK

E2 罕遇地震作用下示例桥墩的抗震性能验算表格 表 8-3

计算参数				抗震性能设计指标		最大弹塑性地震响应	抗震性能验算
κ	M (kg)	K_a (kN/mm)	T (s)	V_{pa} (kN)	δ_{pa} (mm)	$\delta_{E2\text{-}max}$ (mm)	变形 $\delta_{E2\text{-}max} \leqslant \delta_{pa}$?
0.2	1.806×10^6	3.33	4.625	1919	1057	592	OK
0.4	1.806×10^6	4.45	4.003	2732	929	572	OK
0.6	1.806×10^6	5.37	3.642	3222	724	555	OK

此外，为了进一步验证本章 8.1 节和 8.2 节所提出的钢管混凝土格构式桥墩抗震性能设计指标和桥墩最大地震响应简化算法的准确性，本节还建立了表 8-1 所示 3 个钢管混凝土格构式桥墩的纤维单元杆系有限元模型，并采用低周反复荷载分析方法得到如图 8-19 所示的桥墩荷载-位移滞回曲线和能力曲线，能力曲线特征值列于表 8-4。同时，采用表 7-1 所列地震动进行 E1 多遇地震和 E2 罕遇地震作用下的非线性时程响应分析，得到地震响应曲线如图 8-20 所示，各地震动作用下示例桥墩的最大地震响应及其平均值列于表 8-5。

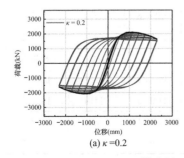
(a) $\kappa=0.2$

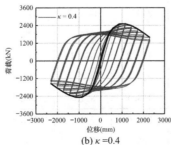
(b) $\kappa=0.4$

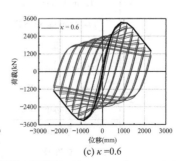
(c) $\kappa=0.6$

图 8-19 示例桥墩的荷载-位移滞回曲线和能力曲线

示例桥墩的荷载-位移能力曲线特征值　　　　　　　　表 8-4

腹板高度系数	K_a(kN/mm)	δ_y(mm)	V_y(kN)	δ_{max}(mm)	V_{max}(kN)	δ_u(mm)	V_u(kN)
0.2	3.58	471	1682	1152	2099	2091	1784
0.4	4.41	444	1956	1152	2510	1758	2133
0.6	5.71	451	2574	864	3332	1543	2832

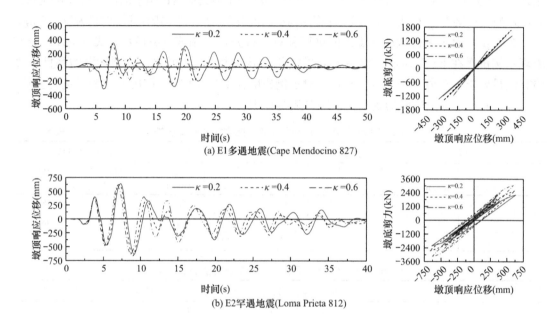

(a) E1多遇地震(Cape Mendocino 827)

(b) E2罕遇地震(Loma Prieta 812)

图 8-20　示例桥墩的地震响应曲线

示例桥墩的最大地震响应有限元分析结果　　　　　　　　表 8-5

地震水平	地震动	$\kappa=0.2$		$\kappa=0.4$		$\kappa=0.6$	
		d_{max}(mm)	H_{max}(kN)	d_{max}(mm)	H_{max}(kN)	d_{max}(mm)	H_{max}(kN)
E1多遇	Corinth 313	119.0	497.3	143.9	727.5	191.5	1202.8
	Loma Prieta 735	221.5	925.7	252.4	1271.6	240.0	1505.9
	Loma Prieta 755	179.1	748.7	152.6	771.4	142.6	896.6
	Loma Prieta 762	298.7	1244.9	262.2	1320.4	178.6	1121.9
	Loma Prieta 775	306.9	1274.4	252.1	1270.1	209.2	1313.4
	Cape Mendocino 827	349.0	1438.7	341.2	1686.8	325.2	2007.4
	Northridge 1083	202.0	844.7	203.8	1029.8	162.5	1021.1
	Chuetsu-oki Japan 45850	152.2	636.1	146.3	739.8	140.5	883.2
	Iwate Japan 5778	235.3	983.3	218.8	1105.2	182.4	1146.0
	Iwate Japan 5806	196.4	821.3	235.5	1188.3	211.4	1327.1
	平均值	226.0	941.5	220.9	1111.1	198.4	1242.5
	标准差	69.0	283.5	59.0	289.7	51.5	314.6

续表

地震水平	地震动	$\kappa=0.2$		$\kappa=0.4$		$\kappa=0.6$	
		d_{max}(mm)	H_{max}(kN)	d_{max}(mm)	H_{max}(kN)	d_{max}(mm)	H_{max}(kN)
E2 罕遇	Loma Prieta 731	518.0	1964.5	579.5	2480.8	631.9	3103.8
	Loma Prieta 735	395.1	1611.3	447.3	2105.5	426.4	2520.3
	Loma Prieta 762	460.9	1810.3	427.9	2038.6	309.4	1918.3
	Loma Prieta 787	426.4	1705.8	467.8	2170.3	459.6	2642.8
	Loma Prieta 812	640.0	2235.2	669.1	2665.0	632.7	3166.1
	Cape Mendocino 827	536.4	2017.1	532.6	2364.9	533.4	2876.5
	Northridge 1083	419.7	1685.2	405.2	1939.4	336.1	2068.9
	Cape Mendocino 3747	614.8	2173.9	615.5	2552.1	491.8	2750.2
	Cape Mendocino 3748	418.8	1689.0	456.6	2147.3	462.0	2651.8
	Cape Mendocino 3750	531.4	1989.9	444.9	2099.1	460.8	2643.7
	平均值	496.1	1888.2	504.6	2256.3	474.4	2634.2
	标准差	81.4	207.8	84.9	230.5	101.4	377.0

表 8-6 比较了分别采用非线性有限元建模分析和简化计算公式得到的示例桥墩抗震性能设计指标以及最大地震响应。由表可知，采用简化计算公式得到的示例桥墩抗震性能设计指标与采用非线性有限元进行低周反复荷载分析得到的结果比较吻合，且前者的大部分数据小于后者，说明本书提出的抗震性能设计指标简化计算公式偏于安全。反观桥墩在地震作用下的最大地震响应，简化公式计算结果与非线性有限元时程分析结果存在一定的误差，但最大误差不超过 20% 且前者的大部分数据大于后者。因此，上述比较进一步表明本书提出的简化计算公式可用于钢管混凝土格构式桥墩抗震性能验算，且验算结果偏于保守，具有足够的安全保障。

示例桥墩简化公式计算结果与非线性有限元计算结果的比较　　表 8-6

计算项目		简化计算公式①			非线性有限元②			相对误差（①－②）/②		
	κ	V_{ya}(kN)	δ_{ya}(mm)	δ_{pa}(mm)	V_{ya}(kN)	δ_{ya}(mm)	δ_{pa}(mm)	V_{ya}	δ_{ya}	δ_{pa}
抗震性能设计指标	0.2	1519	456	1057	1682	471	1152	−9.7%	−3.2%	−8.2%
	0.4	2105	473	929	1956	444	1152	7.6%	6.5%	−19.4%
	0.6	2419	450	924	2574	451	864	−6.0%	−0.2%	6.9%
	κ	$H_{E1\text{-}max}$(kN)	$\delta_{E1\text{-}max}$(mm)	$\delta_{E2\text{-}max}$(mm)	$H_{E1\text{-}max}$(kN)	$\delta_{E1\text{-}max}$(mm)	$\delta_{E2\text{-}max}$(mm)	$H_{E1\text{-}max}$	$\delta_{E1\text{-}max}$	$\delta_{E2\text{-}max}$
最大地震响应	0.2	773	252	592	942	226	496	−17.9%	11.5%	19.4%
	0.4	1008	241	572	1111	221	505	−9.3%	9.0%	13.3%
	0.6	1231	237	555	1243	198	474	−1.0%	19.7%	17.1%

参 考 文 献

[1] 姚昌荣，李亚东，梁东，等. 山区大跨度桥梁结构选型 [J]. 桥梁建设，2012，42 (6)：81-86.

[2] 宗周红，夏坚，徐绰然. 桥梁高墩抗震研究现状及展望 [J]. 东南大学学报（自然科学版），2013，43 (2)：445-452.

[3] 《中国公路学报》编辑部. 中国桥梁工程学术研究综述·2014 [J]. 中国公路学报，2014，27 (5)：1-96.

[4] 陈宝春，牟廷敏，陈宜言，等. 我国钢-混凝土组合结构桥梁研究进展及工程应用 [J]. 建筑结构学报，2013，34 (增刊1)：1-10.

[5] HAN L H, LI W, BJORHOVDE R. Developments and advanced applications of concrete-filled steel tubular (CFST) structures：Members [J]. Journal of Constructional Steel Research, 2014 (100)：211-228.

[6] 牟廷敏，范碧琨，赵艺程，等. 钢管混凝土桥梁在中国的应用与发展 [J]. 公路，2017 (12)：161-165.

[7] 汪碧云，杨君，牟廷敏，等. 钢管混凝土组合高墩在大跨径连续刚构桥梁中的应用 [J]. 公路交通科技（应用技术版），2011 (8)：46-51.

[8] 吴庆雄，佘智敏，袁辉辉，等. 钢管混凝土箱形叠合超高墩设计与静力性能分析 [J]. 桥梁建设，2019，49 (6)：84-89.

[9] 吴庆雄，佘智敏，袁辉辉，等. 钢管混凝土箱形叠合柱抗震性能试验研究 [J]. 建筑结构学报，2021，42 (6)：108-117.

[10] 刘帮俊，张伟. 高墩大跨斜弯桥钢管混凝土格构柱设计 [C] //中国土木工程学会桥梁及结构工程分会，上海市城乡建设和交通委员会. 第十九届全国桥梁学术会议论文集（上册），2010：6.

[11] 中华人民共和国交通运输部. 公路桥梁抗震设计规范：JTG/T 2231-01—2020 [S]. 北京：人民交通出版社，2020.

[12] 聂建国，廖彦波. 四肢钢管混凝土格构柱轴压受力试验. 清华大学学报（自然科学版），2009，49 (12)：1919-1924.

[13] HAN L H, HE S H, ZHENG L Q, et al. Curved concrete filled steel tubular (CCFST) built-up members under axial compression：Experiments [J]. Journal of Constructional Steel Research, 2012, 74：63-75.

[14] 蒋丽忠，周旺保，伍震宇，等. 四肢钢管混凝土格构柱极限承载力的试验研究与理论分析 [J]. 土木工程学报，2010，43 (9)：55-62.

[15] 陈宝春，宋福春. 钢管混凝土平缀管格构柱极限承载力试验研究 [J]. 土木工程学报，2009，30 (3)：36-44.

[16] 欧智菁，陈宝春. 钢管混凝土柱极限承载力的统一算法研究 [J]. 土木工程学报，2012，45 (7)：80-85.

[17] 黄福云，陈宝春，李建中，等. 有初应力的钢管混凝土格构柱轴压试验研究 [J].

建筑结构学报，2013，34（11）：109-115.

[18] 欧智菁，晏巧玲，薛建阳，等. 变截面钢管混凝土格构柱轴压极限承载力［J］. 重庆大学学报，2016，39（5）：114-120.

[19] 晏巧玲. 钢管混凝土复合柱和钢管混凝土混合柱极限承载力研究［D］. 福州：福州大学，2017.

[20] 中华人民共和国住房和城乡建设部. 钢管混凝土结构技术规范：GB 50936—2014［S］. 北京：中国建筑工业出版社，2014.

[21] 中华人民共和国住房和城乡建设部. 钢管混凝土拱桥技术规范：GB 50923—2013［S］. 北京：中国计划出版社，2013.

[22] 中华人民共和国交通运输部. 公路钢管混凝土拱桥设计规范：JTG/T D65-06—2015［S］. 北京：人民交通出版社，2015.

[23] 河野昭彦，松井千秋，崎野良比吕. 繰返し水平力を受けるコンクリート充填鋼管トラス柱の弾塑性挙動と変形能力に関する実験的研究［J］. 日本建築學會構造系論文集，1996，482：141-150.

[24] KAWANO A, SAKINO K. Seismic resistance of CFT trusses［J］. Engineering Structures，2003，25：607-619.

[25] 杨有福，刘敏. 格构式钢管混凝土构件抗震性能研究进展［J］. 中国公路学报，2017，30（12）：10-20.

[26] 李斌，杨晓云，高春彦. 风力发电机锥台型塔筒和格构式塔架的抗震性能试验研究与对比分析［J］. 建筑结构学报，2013，34（增刊1）：161-166.

[27] 陈伯望，邹艳花，唐楚，等. 四肢方圆钢管混凝土格构柱低周反复加载试验研究［J］. 土木工程学报，2014，47（增刊2）：108-112.

[28] 蒋丽忠，黄志，陈善，等. 钢管混凝土格构柱-组合箱梁节点抗震性能试验研究［J］. 振动与冲击，2014，33（18）：156-162.

[29] 欧智菁，陈盛富，吴庆雄，等. 变截面钢管混凝土格构柱抗震性能试验研究［J］. 建筑结构学报，2018（3）：77-83.

[30] 袁辉辉，吴庆雄，陈宝春，等. 平缀管式等截面钢管混凝土格构柱抗震性能试验与有限元分析［J］. 工程力学，2016，33（10）：226-235.

[31] YUAN H H, WU Q X, HUANG Y F, et al. Experimental and theoretical studies on the seismic performance of CFST battened built-up column piers［J］. Engineering Structures，2020，206：110099.

[32] 袁辉辉，吴庆雄，陈宝春，等. 平缀管式钢管混凝土格构柱拟动力试验研究［J］. 工程力学，2019，36（7）：67-76.

[33] YUAN H H, SHE Z M, WU Q X, et al. Experimental and parametric investigation on elastoplastic seismic response of CFST battened built-up columns［J］. Soil Dynamics & Earthquake Engineering，2021，145：160726.

[34] 吴庆雄，黄育凡，陈宝春. 钢管混凝土组合桁梁-格构墩轻型桥梁振动台阵试验研究［J］. 工程力学，2014，31（9）：89-96.

[35] 袁辉辉，吴庆雄，陈宝春，等. 平缀管式等截面钢管混凝土格构柱荷载-位移骨架

曲线计算方法 [J]. 工程力学, 2016, 33 (12): 206-216.

[36] 吴庆雄, 黄育凡, 陈宝春. 钢管混凝土组合桁梁-格构墩轻型桥梁非线性地震响应分析 [J]. 工程力学, 2015, 32 (12): 90-98+116.

[37] 黄育凡, 吴庆雄, 袁辉辉. 钢管混凝土桁梁-格构墩轻型桥梁车振性能分析 [J]. 广西大学学报 (自然科学版), 2018, 43 (4): 1640-1650.

[38] 黄育凡, 吴庆雄, 袁辉辉, 等. 地震作用下钢管混凝土组合桁梁-格构墩轻型桥梁行车安全性分析 [J]. 公路交通科技, 2018, 35 (11): 77-86.

[39] 中华人民共和国住房和城乡建设部. 混凝土结构设计规范 (2015 年版): GB 50010—2010 [S]. 北京: 中国建筑工业出版社, 2015.

[40] 李晓辉. 钢管混凝土实肋拱面外稳定性能研究 [D]. 福州: 福州大学, 2011.

[41] 刘威. 钢管混凝土局部受压时的工作机理研究 [D]. 福州: 福州大学, 2005.

[42] MENEGOTTO M, PINTO P E. Method of analysis for cyclically loaded reinforced concrete plane frames including changes in geometry and non-elastic behavior of elements under combined normal force and bending [C]. Proceedings, IABSE Symposium on Resistance and Ultimate Deformability of Structural Acted on by WEll-Defined Repeated Loads, Lisbon, 1973: 15-22.

[43] KENT D C, PARK R. Flexural members with confined concrete [J]. Journal of the Structural Division, 1971, 97 (7): 1969-1990.

[44] SUSANTHA K A S, GE H, USAMI T. Uniaxial stress-strain relationship of concrete confined by various shaped steel tubes [J]. Engineering Structures, 2001, 23 (10): 1331-1347.

[45] MANDER J B, PRIESTLEY M J N, PARK R. Theoretical stress-strain model for confined concrete [J]. Journal of Structural Engineering, ASCE, 1988, 114 (8): 1804-1825.

[46] 欧进萍, 吴波. 压弯构件在主余震作用下的累积损伤试验研究 [J]. 地震工程与工程振动, 1994, 14 (3): 20-29.

[47] 袁万城, 王征南, 庞于涛, 等. 连续梁桥在主震-余震序列波下的地震易损性分析 [J]. 哈尔滨工程大学学报, 2016, 37 (12): 1671-1676.

[48] 于晓辉, 吕大刚, 肖寒. 主余震序列型地震动的增量损伤谱研究 [J]. 工程力学, 2017, 34 (3): 47-53+114.

[49] 丁国, 陈隽. 序列型地震动物理随机模型研究 [J]. 工程力学, 2017, 34 (9): 125-138.

[50] HU S, GARDONI P, XU L J. Stochastic procedure for the simulation of synthetic main shock-aftershock ground motion sequences [J]. Earthquake Engineering and Structural Dynamics, 2018, 47 (11): 2275-2296.

[51] FURTADO A, RODRIGUES H, VARUM H, et al. Mainshock-aftershock damage assessment of infilled RC structures [J]. Engineering Structures, 2018, 175: 645-660.

[52] OMRANIAN E, ABDELNABY A E, ABDOLLAHZADEH G. Seismic vulnera-

bility assessment of RC skew bridges subjected to mainshock-aftershock sequences [J]. Soil Dynamics and Earthquake Engineering, 2018, 114: 186-197.

[53] 中国地震局. 中国地震动参数区划图: GB 18306—2015 [S]. 北京: 中国标准出版社, 2015.

[54] 吴轶, 黄照棉, LEE V W, 等. 基于刚度退化和滞回耗能的圆钢管混凝土柱损伤模型 [J]. 地震工程与工程振动, 2014, 34 (5): 172-179.

[55] 中华人民共和国住房和城乡建设部. 城市桥梁抗震设计规范: CJJ 166—2011 [S]. 北京: 中国建筑工业出版社, 2011.

[56] 中华人民共和国住房和城乡建设部. 建筑抗震设计规范: GB 50011—2010 [S]. 北京: 中国建筑工业出版社, 2010.

[57] 四川省交通厅公路规划勘察设计研究院. 公路钢管混凝土桥梁设计与施工指南 [M]. 北京: 人民交通出版社, 2008.